東洋文庫
879

乾浄筆譚 2

朝鮮燕行使の北京筆談録

洪大容 著
夫馬 進 訳注

平凡社

装幀　原　弘

凡例

一、底本としては、韓国銀行図書室所蔵『乾浄筆譚』二冊本（韓国銀行本）を用いた。半葉十行、一行二十二字である。「李正模印」という印鑑が押されていることから洪大容《こうだいよう》と同時代の写本とされ、ほかの写本と比べて確かに質がよい。この二冊はもと、ソウル鍾路図書館所蔵の洪大容『燕行雑記』四冊と一セットであったと考えられる。校勘のために以下の諸本を用いた。

（一）ソウル大学奎章閣韓国学研究院所蔵本（奎章閣A本）。『湛軒燕記《たんけんえんき》』六冊本の第五・六冊。成均館大学校大東文化研究院編『燕行録選集』上冊（ソウル、成均館大学校大東文化研究院、一九六〇）と林基中編『燕行録全集』第四三冊（ソウル、東国大学校出版部、二〇〇一）に収録されるものは、ともにこれであるが、ここで用いた諸本のうちでは最も質が悪いようである。

（二）ソウル大学奎章閣韓国学研究院所蔵本（奎章閣B本）。『湛軒説叢』六冊本の第一・二冊。あとの四冊は『燕行雑記』と題する。

（三）延世大学中央図書館所蔵本（延世大学本）。『湛軒説叢』本。

（四）東洋文庫所蔵本（東洋文庫本）。『燕彙《えんい》』の第一一・一二冊で、『湛軒録』六冊の第五・六冊。『湛軒録』第一冊から第四冊までは『湛軒説叢』と題され、また『燕行雑記』と題される。

校勘は主に底本と奎章閣A本との間で行い、両者に異同がある場合には他本とも校勘した。本書では文字の異同すべてについて注記せず、現在最も流布している奎章閣A本をテキストとして用いる研究者に注意を促す程度にとどめた。

一、標点つまり句読点付けに際しては、『乾浄衕《かんじょうどう》筆談』と重なる部分については韓国文集叢刊第二四八輯（ソウル、景仁文化社、二〇〇〇）『湛軒書』所収本、および鄺健行点校『乾浄衕筆談・清脾録』（上海、上海古籍出版社、二〇一〇）を参考にした。

一、『乾浄筆譚』と『乾浄衕筆談』との内容の異同について、『乾浄筆譚』のみにあり『乾浄衕筆談』にないものについては、いくつかを除き特別な注記はほどこさなかった。『乾浄衕筆談』にあり『乾浄筆譚』にないものについては、重要であると考えたところのみ注で翻訳するか要約した。『乾浄衕筆談』を『乾浄筆譚』との文字の校勘で用いる時は、これを「湛軒書本」と称する。

一、翻訳に際しては、千寛宇・柳承宙訳注『湛軒書』（韓国名著大全集、ソウル、大洋書籍、一九八二重版）所収の『乾浄衕筆談』ハングル訳を適宜参考にした。

一、訳注に際しては、洪大容によるハングル本日記『乙丙燕行録』の活字本、蘇在英（소재영）『주해 을병연행록（注解乙丙燕行録）』（ソウル、太学社、一九九七）を適宜参照した。またその現代語訳として、김태준・박성순訳『산해관 잠긴 문을 한 손으로 밀치도다——홍대용의 북경 여행기〈을병연행록〉（山海関で閉ざされた門を一人の手で押す——洪大容の北京旅行記〈乙丙燕行録〉）』（ソウル、돌베개、二〇〇一）と정훈식訳『을병연행록（乙丙燕行録）』（光明市、도서출판 경진、二〇一二）を参照した。洪大容の漢文本燕行録としては、ソウル大学奎章閣韓国学研究院蔵『湛軒燕記』（成均館大学校大東文化研究院編『燕行録選集』上冊、ソウル、成均館大学校大東文化研究院、一九六〇）を用いた。

一、原文で問答体のところは、基本的にすべて「曰《いわ》く」と記されるが、本書では自然な会話に近づけるため、適宜「尋ねた」「答えた」などと訳した。また原文は言うまでもなく陰暦で記されているが、翻訳にあたってはその年度についてだけ西暦で表記するにとどめ、月日については陰暦のままとした。

一、訳注に際しては、本文のみで通読できるよう努めた。注は、日本高等学校の世界史教科書に記述があるものは避け、逆に朝鮮・中国知識人が、どの程度の古典の素養をもとに筆談していたのかを知るため、努めて原典を示した。彼らの事実誤認、情報伝達の不正確あるいは記憶違いなどについても記した。

一、『乾浄筆譚』原文は書き始めから二月二十一日までを不分巻第一冊または上巻、二月二十三日から終わりまでを不分巻第二冊または下巻とする。本書で分巻するにあたっては、二巻分をほぼ均等にするため、第一巻を二月十六日まで、第二巻を二月十七日以降とした。これは『乾浄衕会友録』はもともと三冊からなり、第一冊が二月十六日で終わっているのに従った。

一、本書で用いた図版はすべて、『2012 천안박물관 개관 4주년 기념특별전：담헌 홍대용［二〇一二年天安博物館開館四周年記念特別展：湛軒洪大容］』（天安市、天安博物館、二〇一二）による。

目次

第1巻目次

乾《かん》浄《じょう》筆《ひつ》譚《たん》 2

朝鮮燕行使の北京筆談録

洪《こう》 大容《だいよう》 著
夫馬《ふま》 進《すすむ》 訳注

本書の出版に当たっては、韓国文学翻訳院の助成を受けた。

乾浄筆譚　上（承前）

二月十七日

朝ご飯を食べて出かけた。旅館の門番がまず来客があったと通知し、潘庭筠が走って出迎えて中に入れた。厳誠の部屋を通りすぎる時、簾《すだれ》ごしに「厳誠さん」と呼んだら、「はい」と答えた。潘庭筠が「洪大容先生がお越しですよ」と言ったら、厳誠は早速、「はい」と答え、簾を高くかき上げて出てきて、おたがい挨拶の礼を交わして入った。二人が仮住まいしているのは、同じ家屋なのだが壁を隔て、ともに入口は北向きであった。我々が最初からこれまで会って話したのは、潘庭筠の部屋だった。

どこに坐るかが決まってから、私は、

「金在行さんにとっては昨日、冬の日における一日のようでしたが、私にとっては夏の日の一日でした」

と言ったが、みんな何のことかわからなかった。私がまた、

「金在行さんは一日の短さに苦しみ、私は一日の長さに苦しみました」

と言ったら、二人とも笑った。(1)

厳誠は八詠詩を出して示した。(2)その詩は次のようであった。

隠者が夜長を惜しみ、起き上がって坐り朱絃(3)を弾いている。

楼《たかどの》は高く、風の音がまったくなくて静まりかえるなか、琴の音は人気《ひとけ》のない山に響きわたる。

悠々と太古を思う心を、誰に伝えられようか。　山楼鼓琴

かすかに聞こえるのは何の声か。おそらくは蓮華漏（水時計）なのだろう。
二六十二に時を分け、こうして夜明けと昼とに時報を鳴らすが、
主人《あるじ》は心がいつも目覚めているのだから(4)、朝の知らせは必要としない。　島閣鳴鐘

清泉にはさざ波がたち、白石も多く積み重なっている。

鯈魚《やまめ》は空を遊ぶように泳ぎ、水の中から上を向き、落ちてきた藤の花びらを吸い込む。

本当の楽しみを誰が知りえよう。子《あなた》は我《わたし》ではないと、一笑にするだけのこと(5)。　鑑沼観魚

丸木の小橋(6)は野気を通じ、夕方に歩くと気分は超然となり、うっとりとする。

木々の影は涼しげな波にゆれ動き、見おろせば太古の月が映っている。

露で衣が濡れることも気にせず、一人詩を口ずさんで夜明けに至る。　虚橋弄月

華山にある蓮の花(7)は、開くと十丈にもなるという。花びらが落ち始めたのは、何年からなのか。

木を削って花びらの形に似せた舟を浮かべ、波の上にて水の仙人に学ぶ。

舷《ふなべり》を叩きリズムをとって一曲を歌えば、木蘭《もくれん》で作った船も羨《うらや》ましくはない(8)。　蓮舫学仙

太古の羲和《きか》と常儀《じょうぎ》[9]が定めた天文の古法を今なお遵用し、
天体の往来により満ち欠けを測り、運行が遅いか早いかで吉凶を占っている。
狭苦しいことよ、かの外界を知らないお方は。[10] 終身、井戸の中に坐って天を観てござる。

玉衡窺天

霊照龕《れいしょうがん》と名づける占い部屋には、どんな霊験があるかと、霊験を求めるお方に尋ねたい。

吉凶とは是非を論ずることだから、なすべきか退くべきかをいい加減にしたりしようか。

安らかな状態にいて天命を待つべきで、[11] 占い用の枯れ草（めどぎ）など、そのうち捨ててしまいなさい。[12]

霊龕占著

学者は矢を射る者が矢を放つその瞬間を大切にするように、ポイントを習得すべきである。[13] 弓矢を持つ時に心をはっきりと正しく固めてこそ、[14] 技術は神がかりとなる。
中《あた》るかどうかは、あなたの力によるものだろうか。的《まと》を外れたならば、わが身を反省すべきだ。[15]
心を直《なお》くし行為を正しくするのは、心の敬《けい》と行為の義《ただしさ》とがたがいに働き合うからである。[16]

彀壇射鵠

私は見終わって、霊照龕の詩（霊龕占蓍）を指して、(17)

「占いは正しい定めとして、従うほどのものではないのでしょうか」

と尋ねた。厳誠は、

「そうではありません。吉凶は自分が正しいか間違っているかにあるのですから、占いをするまでもない、と言っただけです」

と言った。私は、

「そうです。朱子も「『易』は、迪《みち》に恵《したが》えば吉、逆《ぎゃく》に従えば凶（『書経』大禹謨）、であるにすぎない(18)」、と言っております」

と言った。

潘庭筠は、

「朝鮮では世襲によって官僚を採用しておりますが、善政ではありません。世襲は夏殷周三代の制度とはいえ、人材はどの地かを選ばず生まれますし、賢人を取るのに決まったやり方があってはいけません(19)。人を取る時に、必ず世襲によろうとこだわるならば、家柄の良い者の中には賢者ではない者もおりましょうし、賢者が逆に資格に制限されてしまいます」

と言った。また、

「朝鮮でも仏教を尊びますか」

と尋ねた。私は、

「新羅や高麗の時には非常に仏教を崇拝しました。わが朝鮮以後は、儒道が大いに盛んになり、知識人（士人）の家ではどこでも、仏教などと言うのを恥じております。知識も身分もない家でだけ、因果応報に動かされ、仏にお供えしたり僧侶に食事を取らせたりすることもありますが、やはりあまり盛んではありません」

と答えた。潘庭筠は、

「道教の学ははなはだ粗雑であり、仏教に遠く及びません。道教を好んで仏教を遠ざけるとは、朝鮮の士大夫もあまりに惑わされておりますね」

と言った。潘庭筠のこの言葉は、私が「儒道」と書いたのを道教のことと間違ってとったからであるらしい。そこで私は道の字を教に改め、

「道教はまったく伝わっておりません」

と言った。[20]

この時、私と厳誠とは八詠詩について話していたのだが、潘庭筠は冗談で、

「これらの詩には、何の役にも立たぬ読書人の気風[21]が溢れており、詩人の詩ではありません」

と言い、また、

「厳誠さんの詩は、宋儒が語り尽くして余った唾《つば》と言うべき陳腐なもので、気を入れて読むほどのことはありません」

と言った。私が、

「まさにその、宋儒が語り尽くして余った唾が好きなのです」

と言うと、両君はともに笑った。

私は、

「中国南方にも、天主教の学問（西洋の学）をやる者がおりましょうか」

と尋ねた。潘庭筠は、

「天主教も中国で行われています。天主教は禽獣の教えでして、士大夫はみな間違っていると考えています」

と答えた。私は、

「天妃(22)とは誰ですか」

と尋ねた。潘庭筠は、

「天妃とは黄河の神です。聞くところでは、福建人の林氏が今、皇帝により天后に封ぜられたとのこと、回々人（イスラム人）が多くこの教えに入っております(23)。明の万暦の時、西洋の利瑪竇《りまとう》（マテオ＝リッチ）が中国へやって来て、その教えははじめて行われるようになりました。いわゆる十字架というものがあり、この教えに入った人は必ずこれを礼拝し、天主がこの十字架の刑を受けて死んだ、としております。おかしな話です。天主教には経典があり、私はかつて読んだことがあります。その中で天主は悲惨な死に方をしたとしばしば述べ、天主は教えを立てたから罪にかかったのだ、としております。入教した者は涙を流してこれを嘆き悲しまねばならず、片時《かたとき》も忘れてはいけない、とされております。惑わされるにも、ほどがあります」

と言った。厳誠は、

「天主教に対しては、はっきりとした禁令(24)があります」

と言った。

私は、

「朝廷が禁令を出しているのに、北京にはなぜ天主堂があるのですか」

と尋ねた。両君はともに驚き、

「どこにあるのか」

と言う。私は、

「東西南北の四堂があります。そのうちの東堂と西堂は、私も見ました(25)。西洋人がここへ来て教えを伝えております」

と言った。両君は、

「私どもは北京へ来ていろいろ耳にしましたが、このことをまだ聞いたことがありません」

と言った。

私は、

「天体についての議論や暦の作り方では、西洋のものが大変高いレベルにあります。これまでにない新知見をもたらしたものと言ってよいでしょう。ただその学は、我々儒教徒が言う上帝(26)の称号を剽窃し、これに仏教徒が言う輪廻の言葉で飾り立てたもので、浅薄野鄙なこと笑うしかありません。ところが中国へ来てみますと、崇拝し信仰する人が多くおります」

と言った。二人は、

「士大夫はそうではありません」

と言った。

私は、

「銭謙益(27)とはどんな人ですか」

と尋ねた。潘庭筠は、

「このお方の格好いいあだ名は、浪子《ランツ》（男だて、道楽者）と言います。このあだ名こそ、本当に彼の人となりにぴったりです」

と言った。私は、

「浪子であれば物ごとが間もなくどうなるのか、そのかすかな表れを覚って(28)わが身を潔くし、官位と俸禄を辞して遠くに引きこもるはずです。銭謙益はあと一歩のところで、浪子ではなかったようです(29)」

と言った。潘庭筠は、

「若くして東林党の親分となり、末路は清朝に投降してその臣下となりましたが、文章では一世を風靡しました。惜しむべき人と言うべきです(30)」

と言った。厳誠は、

「もう少し早く死んでいたら、今の人は誰も彼を非難しなかったでしょう。銭謙益の人間としての品格は、何も言うべきことがありません」

と言った。私が、

「銭謙益はおそらく、中途半端で転落した人物(31)なのでしょう」

と言うと、厳誠はうなずいた。潘庭筠は、

「銭謙益は呉偉業《ごいぎょう》と龔鼎孳《きょうていじ》(32)とともに三大家であり、みな明朝の高官でしたが、清朝に仕えた人物です。呉偉業は晩年になって後悔しているという言葉を多く残しましたから、ややましです」

と言った。厳誠は、

「銭謙益も仏教ごときを信仰し、自ら『楞厳義疏』百巻(33)を著しました。立派な大作であると言えます。しかし、ますます支離滅裂の度を加え、人の目を眩ませるだけです。また彼が『楞厳経』のことをわかっていたなら、なぜ自分はその一死を惜しんだのでしょう。この点では、仏教の罪人でもあります。ましてやあんなにも才能や学問がありながら、毎日これをあんな著述のために消耗していたのですから、本当に残念です」

と言った。潘庭筠は、

「私の家には銭謙益の『楞厳経』注釈の稿本があり、自筆本です」

と言った(34)。厳誠は、

「人の品性が正しいか正しくないかは、早くから決まっています。銭謙益が道徳にそむく行いをするに至るのは、彼が浪子と呼ばれていた頃から、すでに決まっていたのです。枚卜(閣僚選び)をめぐる争いなど、まともな人間がやることでしょうか」

と言った。私は、

「枚卜をめぐって争ったとは、これまで聞いたことがありませんでした。彼がそこまで卑しいとは、思ってもみませんでした」

と言った。潘庭筠は、

「枚卜をめぐって争った挙句は、閣訟にまで至りました。(35)もっとも閣訟は彼の手下がやったことで、銭謙益は関係ありませんでした。銭謙益の声望は当時並ぶ者なく、門人は朝廷にあふれ、みな彼を崇拝していたため、ついにここにまでなったのです」

と言った。また、

「温体仁(36)が宰相となってからは、天下のことはもはやどうにもならなくなりました」

とも言った。(37)厳誠は、

「すべては「惜しむべし（可惜）」の二字でこと足れりで、あれこれ言う必要はありません」

と言った。

　私は、

「近ごろ、科挙のための勉強はされていますか」

と尋ねた。厳誠は、

「連日、訪問と接待に追われ、まったく暇がありません」

と答えた。私がその言葉を熟視すると、厳誠は私が長居するのを心配しているのではないかと考え、

「この言葉は嫌な訪問や接待について言っただけです。あなたは心遣いが細やかな方です。

あなたの来訪が我々の受験勉強の妨げにならないかなど、決して気をまわさないでください。あなたがあれやこれやお話になるのを聞くことこそ、いっそう気持ちをよくしてくれるのです」

と言った。私は感謝し、

「朝鮮人はたいてい、気遣いは細かすぎますが、やることが大まかでして、私もこれを免れません」

と言った。厳誠は、

「人は細心でなければいけません。昔の人は「天下のことのうち、何ごとがあわてて失敗してしまわないであろうか」[38]と言ったことがあります。ただあなたがなさることは、これまで大まかであるということはまったくありませんでした」

と言った。

潘庭筠は、

「朝鮮には推薦による登用、というルートがあります。誰かが推薦によって（官界に）至ると、朝廷の官僚たちはこぞって彼を懼れ憚《はばか》るということですが、推薦されて登用された者がすべて賢者なのでしょうか」

と尋ねた。私が、

「どうして全部が全部賢者である、なんてことがありえましょう」

と言うと、厳誠は、

「名は存しながら実は亡びている、というのはどこでもそうです」

と言った。

潘庭筠は、

「官妓（公的接待のための遊女）の中には、詩ができる者が多いとのことですが、一人二人その名を挙げられますか」

と尋ねた。私は、

「憶えておりません。たとえそのような者がいたとしても、彼女たちの詩は淫乱にして猥雑な戯《ざ》れ言です。何で君子の目を汚《けが》すほどのことがありましょう。またあなたが遊女の詩にかくもご執心なのは、なぜですか」

と訊いた。潘庭筠は、

「好色だからです」

と言った。私は、

「潘庭筠さんの家にはもともと、『詩経』の関雎《かんしょ》や葛覃《かったん》で歌われるような、仲のよい貞淑な奥様がおありですから、鄭や衛の国で流行していた淫乱な歌をほかの所に求める必要はないでしょう(39)」

と言った。潘庭筠は大笑いした。また、

「有名人の優れた事績をお聞かせ願えませんか」

と尋ねた。私は、

「わが朝鮮には、記録すべく伝えるべきよい言葉やよい行いがたくさんありますが、いま急には思い出せません。帰国後、手紙のやりとりができれば、簡単に書いてお送りしたく思います。色恋や戯れ言(40)は、それを言えば笑っていただけるとしても、夏の天子桀《けつ》を助けて残酷なことをさせるようなまねを、潘さんには決していたしません」

と言った。潘庭筠は笑った。厳誠は、

「たとえ思い出せたとしても、潘さんは上下《かみしも》を着けて聴かねばならず、そうすれば聴き飽きて疲れ、眠くなるでしょう(41)。その言葉を私にくださってはいかがでしょう」

と言った。みんなで笑った。

私は、

「浙江省で同じ年に挙人となったのは何人ですか」

と尋ねた。厳誠は、

「同時に合格したのは九十四人です。全員これを同年と言い、他の省で同じ年の科挙に通った者のことを遥同(42)と言います」

と答えた。また、

「順天府（北京）で行われる郷試を北榜と言いますが、その中には南方出身者が多数含まれます。彼らは同郷の同年と同様に扱われます」

とも言った。

私は、

「私たちが付き合っていることは、多くの人が知っているはずです。みんな怪しいとは思いませんか」

と尋ね、「これも細心であるべき問題です」

とも言った。厳誠は、

「そんなに細心にする必要はありません。私どもが付き合っている友人は、一人二人を除けば、会っても会わなくてもよい者たちです。私たちの付き合いを知っている者は、私どもと関係がよいのがほとんどですから、たとえ私たちのことを知っていても、断じて怪しいとは見なしません」

と言った。また、

「私どもの行動は、つまらぬ輩とは大いに違っております。たとえば受験勉強のことさえまったく口にしませんので、同輩の者たちは変な奴らだと見なしております。しかし合格するかしないかは運命です。(43)これが孔子の家法です。つまらぬ輩は自分から荆棘《いばら》を生じさせているのです。いわゆる「君子の為すところ、衆人もとより識らざるなり(44)」というやつです」

と言った。また、

「昨日、金在行さんと話をしたのですが、お二人がお訪ねになったのは私ども二人でした。私どもでなければ、浙江省の挙人だけでも百何十人はおります。あなた方が一度お会いになっても、すぐに唾を吐いて捨て去りたくなるような者が多うございます」

と言った。潘庭筠は、

「ほかの奴らは石ころのようなもの、歯牙にかけるほどのこともありません」

と言った。

私は、

「試験場では他人の文章を盗用したり、替え玉受験をしたりといった不祥事もありますか」

と尋ねた。潘庭筠は、

「たとえ盗作や替え玉をしなくたって、言うほどの者はおりません。要するに科挙を受ける者の中には凡庸な者が多く、奇人は千人のうち一人もいません。昔の言葉に「孝廉（挙人）は一を聞いていくつを知るか(45)」というのがありますが、今日の科挙を受ける者は、十を聞いて一つのこともわからない者たちです」

と言った。厳誠は、

「試験場での不祥事は多うございます。カンニングペーパーの携帯、替え玉受験、模範解答の受け渡しがあります。ですから試験場へ入る時には、必ず持ち物と身体検査をやりますし、自分の番号が付いた部屋[46]に入ったら必ず厳重に鍵をかけられ、解答用紙を出した後は必ず受験者の名前は糊付けし、本人の筆跡がわからないよう解答を書き写します。このようにあれこれするのは、すべて不正を防止するためです。今は立法が大変厳しく、たとえ不心得者がいたとしても、わが身と家族のことをみな考えますので、法を犯す者が少ないのです」

と言った。潘庭筠は、

「今は少ないです。このうち関節（受験者と試験官との示し合わせ）と言えば、実情は軽微でも処罰は重くなります。発覚すれば首を刎《は》ねられ、試験官も受験者も首を並べて殺されます」

と言った[47]。私は、

「これは実に天下いずこも同じです[48]。しかし検査を受けるに際し、才知がずば抜けた知識人であれば、決して言いなりに黙っていたりはしません」

と言った。潘庭筠は、

「麻の衣を着せてわら履《ぐつ》をはかせ、まるで盗賊と同じように扱います。ですから呉西林先生は生涯試験場に足を踏み入れないのです(49)」

と言った。厳誠は、

「黄淳耀《こうじゅんよう》(50)が書いた科挙の答案文の中に、「お上《かみ》が古代の帝王のように、招聘する士には絹織物を加えてプレゼントするならば、お上が士を尊重するから士も自重する。詩歌や文章あるいは暗記で人を採用するなら、お上が士を軽んじるから士も自分から軽々しくする」という二句があります。要するに試験場での知識人への対応と彼らによる不正行為とは、お上《かみ》と下々《しもじも》とがたがいに責任の所在を相手になすりつけているのですから、一方的にお上が悪いとばかりも申せません」

と言った。また、

「昔の人の中には、試験を受けに来て自分の本名が読みあげられたのを聞き、着物を払って立ち去った者がおりましたが(51)、これはどんな人だったのでしょう。いま持ち物や身体検査をするのは、ほとんど盗賊を防ぐのと同じです。このお方が今のご時世にいらしたら、また何と思われるでしょうか」

と言った。私はまた、

「最近、答案(硃巻)を見たところ、「易を習う」「春秋を習う」という言葉がありましたが、これは何の意味ですか」

と尋ねた。厳誠は、

「中国では士（官僚となる前の知識人）を試験する時、五つの経典（易経・書経・詩経・礼記・春秋）で別々に採用します。そのうち専門に学習した一経典のことを本経と言います。たとえ五つの経典全部に通じていたとしても、必ずどれか一つの経典を選択せねばなりません。これは昔の明経[52]の名残りです」

と言った。私が、

「どうやって試験するのですか」

と尋ねると、厳誠は、

「四篇の経文の解釈について試験します。どの経典からも四問出題し、誰もが一つの経典を選択します。しかし最近では経学が荒れはて、たとえ一つの経典だけを専門に学習した者でも、多くは経典の意味するものが何であるか、ぼんやりしてわかりません。「易を習う」「春秋を習う」という「習」の一字は、まったくその内実に沿いません」

と答えた。潘庭筠は、

「私は何を習ったことにしようかと、いま選んでいる最中です」

と言った。厳誠は、

「潘庭筠さんはもともと『詩経』を習ったのですが、『易』に改めました。私はもともと『詩経』を習ったのですが『春秋』に改めました」

と言った。私が、

「何でもござれ、ですね」

と言うと、二人は笑った。

潘庭筠は、

「朝鮮での会試には、暗誦という試験方法があるとのことですが、暗誦させた後で、文章を書かせるテストはないのですか」

と尋ねた。私は、

「別に殿試があり、文章をテストします。ただ暗誦させるというテストは、大変難しい。これとは別に諺解《げんかい》（ハングルでの翻訳）というのがあり、一字も間違いなく暗誦できて合格します。この試験を受ける者は、もっぱら暗記に力を注ぎます。多くは文章を暗記するだけで、その意味はまったくわかりません。このため、これを受験しようとする者は少なく、私たちもこれを受験することはできません。記憶のための勉強が大変だからです」

と言った(53)。厳誠は、

「暗記したものを書かせたり、口述させたりするのは、最もよい方法です。それを子供の勉強だとして軽視してはいけません。文章で士を採るようになってから、経典の理解にいいかげんな者が多くなりました」

と言った[54]。また、

「中国では郷試の時には常に、第一次試験では四書についての文章三篇と性理についての論文一篇を試験し、一昼夜で終えさせます[55]。毎次試験場へ入るのが最も苦痛です。何よりも精神力が大切で、そうでなければ持ちこたえられません」

と言った。私が、

「試験を受けた者はしばしば血を吐くといいますが、本当ですか」

と訊くと、厳誠は、

「連日連夜、眠ることもできません。苦しいのなんの。第二次試験では経典に関わる文章四篇と排律[56]一首を試験し、一日で終わります。第三次試験は政策論文五題で、一日か一昼夜で終わります。第三次試験も極めてつらい。どれも必ず七、八百字あるいは千字用いて書かねばなりません。会試も同じです。殿試は政策問題一題で、やはり一昼夜ですが、必ず一万字以上で書かねばなりません。これは最も難しい。また必ず格式どおりに一つの難点もなしにやってのけ、はじめて翰林院入りを果たせるのですが、この後でまた朝考という試験があり、詔、誥、論、詩を試験します[57]。やはり一日だけで終わります。郷試は百人の受験者について一人、会試は三十人に一人を取ります。殿試ではすべてを取り、一甲二甲三甲(58)に分けるだけです」

と言った。私は、

「政策試験では時事問題についても論ずるのですか」

と尋ねた。厳誠は、

「郷試と会試での政策論文五問題のうち、三つが歴史上の問題、二つが時事問題についてです。殿試は時事問題です」

と答えた。潘庭筠は、

「しかし、まぐれ当たりの者が多いです。碩学なのに合格できない者も少なくありません」

と言った。厳誠は、

「私の郷里には、老儒老学でありながら、終身一生員であるという者が多く、哀れです。彼らは郷試を十七回、十八回と受験しています」

と言った。潘庭筠は、

「その弟子の弟子がすでに進士に登っているのに、その先生の先生がまだ郷試を受けているということがあります。おかしな話です」

と言った。厳誠は、

「科挙に合格することは、実ははなはだ簡単なことでもあります」

と言った。私は、

「運のいい者は実に簡単に受かります。もし終生挙人どまりですと、この学生は実に哀れです」

と言った。私は、

「先を読みとれる者は、早めに手を打つ方がよろしい(59)」

と言った。厳誠は、

「終生生員どまりという者こそ、本当に哀れです。もし郷試に合格して挙人になってしまえば、十数年待てば一知県となれますから、貧乏儒生の願いを慰めるのには、まあまあこと足ります」

と言った。私が、

「一度知県になった後で、退職するのですか」

と尋ねると、厳誠は、

「日暮れて行き場がなくなってから(60)、知県となるのですから、退職しかありません。そうでなければ抜群の功績によって昇進し、知府や道員となり、布政使や按察使となり、巡撫や総督にまで(61)至る者がおります」

私が「会試で合格発表があった後、遠近に伝えて知らせますか」

と尋ねると、厳誠は、

「郷試と同じです。合格者本人には触れ廻りをする者が銅鑼《ドラ》を鳴らし、姓名を記した紅い合格通知票を持ってニュースを届けます」

と言った。私が、

「触れ廻る者が来た時には、きっと隣近所を騒がせ驚かすことでしょう」

と言うと、二人はそうだと言うので、私は笑って、

「天下一理（世界中どこも同じ）です」

と言った。厳誠は、

「遠近どこでも、合格発表がなされた後には、題名録(63)を売る者がおります。字のわかる者もわからない者も、誰でも一枚買います(64)。知っている人が載っているかもしれないからです。ですから諺《ことわざ》にも、「いったん科挙で名を成せば、天下どこでも知っている(65)」と言います」

と言った。潘庭筠は、

「一箇月たてば、誰も知りません。ただ会試のトップである会元の姓名は、百年たっても人の口に上ります」

と言った。私は、

「殿試のトップである状元は、高官に昇ってからでも、必ず状元という呼称を付けて呼ぶのですか」

と尋ねた。潘庭筠は、

「そうとも限りません。ただ郷里では必ず状元で呼びます。そう呼ばれる本人も、状元で呼ばれることを大変喜ぶのでして、高官の呼称で呼ばれたいとは思いません。杭州銭塘県出身の梁詩正は、位が宰相にまで至りましたが、私の郷里の人は彼のことを梁探花と呼び、彼本人もそう呼ばれるのを名誉と考えます(66)。彼はその詩に自分で注釈を加え、「郷里の人は今に至るまで私を梁探花と呼んでいる」と言っております。探花ですらそうですから、状元であればなおさらです」

と言った。また、

「(皇帝臨席のもと)状元は宮城内での合格発表で名前を呼び上げられた後、皇帝の命で開けられた午門と大清門(67)の真ん中の門から、彼一人馬に乗って出ます。順天府(北京)の知府が自ら御者となって、状元を邸宅まで送ります。帰宅すると錦の上衣を下賜されますが、これらすべては宮廷内で仕立てられたものです。彼の奥さんの方は、地元省都の城壁の上を輿に乗って練り歩き、五穀を四方に撒き散らし、これで凶作を防ぐとともに人々に福をお裾《すそ》分けします。この二つは宰相ですらできないことです」

と言った。私は五穀を四方に撒き散らす云々、というところを指さしながら、

「それには、どんないいことがあるのですか」

と尋ねると、厳誠は、

「府や県の官庁では、儀式のために設営し、省都の人々のうち見物に集まる者は、数えきれないほどにのぼります」

と言い、また、

「地方の省の総督と巡撫が従える儀仗兵は、五百メートル以上も続き、布政使と按察使、それに道員の儀仗兵も地位に応じて減らされ、みな伝呼して人々に道を開《あ》けさせます。各官庁では戟《ほこ》が並べられ、音楽が演奏され祝砲が打ち鳴らされます。誰かが状元になったとの第一報が届く時にも、府や県の官僚たちは幟《のぼり》を立て旗を並べます。その奥さんが城壁の上を練り歩く時に付けられる儀仗兵も、総督、巡撫に劣りません。これこそ栄誉なことなのです。しかし、我々にとって必要なのはすべて古《いにし》えの制度です。あちらさんがなさることは、すべて私たちの方ではしないことです」

と言った。(68)

潘庭筠(69)は、

「周延儒(70)と魏徳藻(71)はともに状元でした。周は大奸臣で明の国事を壊滅させ、魏は李自成に投降し処刑されましたが、二人とも状元の中の悪党です」

と言い、

「羅洪先(72)も状元でした。「二十年かけて道を学び、やっと胸の中から状元の二字を忘れ去った」と言ったといいます」

と言った。私が、

「それは自分の身に引きつけ(73)、内省から発した言葉です。この言葉があるからこそ、その人が賢者であったことがわかります」

と言うと、潘庭筠は、

「この方は明の大儒で、孔子廟にも祀られています」と言い、また「ある人は杭州の人で、私と知り合いですが、前回の会試で会元となりました。状元になろうとして極力手を尽くし、ほとんど成功しかかったのですが、別人に取られてしまいました(74)。状元になることがいかに難しいかは、これでわかるでしょう」

と言った。厳誠は、

「最後に状元に中《あた》った人は、逆に状元を射とめてやろうなどと思わなかったのですから、無理して求めてもむだなことがわかります」

と言った。潘庭筠は、

「宰相以下の誰もが、この人を状元にしようと考えていたのです。天命がどこにあるか誰がわかりましょう。結局貧しい士が状元を獲得することになったのです」と言い、また、

「朝鮮の状元（壮元）も、こんなにも誉れ高いのでしょうか」

と尋ねた。私は、

「国が小さいですから、栄誉も小さいです。またわが朝鮮で状元となった者は、心配ごとばかりで栄誉はありません」

と答えた。二人は驚いて尋ねた。

「それはなぜですか」

私は、

「値千金のわが身(75)をある日から君主に委ねるのですから、生死栄辱を自分で保てはしません。心配すべきことではありませんか。花を戴《いただ》き傘を差しかけられ、楽団の演奏で先導されて街を練り歩いたとしても、小わっぱが憐れんでくれるだけで、見識ある者は笑います。ここにどんな栄誉がありましょう」

と答えると、両君はともに大いに笑った。私が、

「お二人がもし会試に合格しなければ、その日のうちに帰郷の準備をされるのですか」

と訊くと、厳誠は、

「帰るしか、しかたありません。ここに留まっていても何もすることはありません」

と答えた。私が、

「お二人の才能と学識から見れば、合格しないはずがないように思われます」

と言うと、厳誠は、

「不合格こそ予想どおりで、合格すれば意外です。必ず合格してみせると思った者でも、絶対に合格したことがあったでしょうか。とすれば私どものように合格するとは思わない者が、結局は合格してしまうかもしれません」

と言ったので、潘庭筠は笑って、

「とすれば、やっぱり合格すると思っていらっしゃる」

と言った。あちらもこちらもみな笑った。私が、

「もし合格されたら、ご帰郷はいつになりますか」

と訊くと、厳誠は、

「選ばれて翰林院に入れば、必ずや三年に及ぶ翰林院での見習いを終えるのを待って、職を授かります。(76) この三年のうちは休暇届を出して帰郷し、両親を見舞うことができるのですが、長くても一年間です。（翰林院に入らず）地方官になるとすれば知県です。これは必ず

吏部でどの省へ赴任するかを籤《くじ》引きで決めねばならず、自由はききません。知県には自分の出身地の省ではなれません。隣の省の場合でも郷里から五百里（二五〇キロ）以内であってはなりません」

と答えた。私が、

「翰林院の官は状元だけがなるのですか」

と尋ねると、厳誠は、

「一甲の三人は、状元・榜眼・探花です。状元はただちに翰林院修撰という職が授けられ、榜眼と探花は翰林院編修となります。二甲は百数十人あるいは八十人、九十人ですが、そのうち二甲第一人を伝臚と言い、これもただちに翰林院入りします。三甲は百余人です。二甲と三甲の者はすべて朝考と呼ぶ追加試験によって、ある者は翰林官に選ばれ、ある者は六部の主事を授かり、ある者は知県を授かります。そのうち翰林官、六部主事または知県とならなかった者を帰班進士と言い、十年たってから知県となることができます。会試の後で進士に合格する者は二百人余りですが、四十人は翰林官となり、二十人は主事となり、知県は定額がありません。最近では知県となるのは四人、五人、六人を過ぎることなく、その他はすべて帰班進士です」

と答えた。私が、

「十年後にやっと知県になれるのなら、これは帰班進士と挙人とは違わないということですね」

と訊くと、厳誠は、

「まったく挙人と同じです」と言い、さらに「昔は知県として分配される者が極めて多く、その頃はかえって地方官になることが重んじられておりました。官位は卑しいのですが、これで何とか食ってゆけます。これもまた、世代によって運気が上下する一例です」

と言った。私は笑って、

「これもまた天下一理（万国共通）です」

と言うと、両君ともに「あなたのところでもこうですか」

と訊くので、私が「そうです」と答えると、両君とも笑った。

厳誠が、

「翰林院の官僚こそ、最も清華なポストに選ばれた者です。ところが大変に貧しい。近年では翰林院の官僚には、地方に出たがる者が数多くおります」

と言うと、潘庭筠は、

「翰林院の官僚たちに三、四両の銀をやれば、親密な友人となれます」

と言った。厳誠は、

「翰林官に選ばれ、三年間職を授からずにいる者が庶吉士です。しかし翰林院にいる者は地位の高下に関わりなく、すべて黄色の傘を差すことができ、数珠を持つことができます。生涯「晩生」（後輩）と自称することなく、総督・巡撫と対等な付き合いをします。郷里で名刺を書く時は、字は一寸（三センチ）ほどの大きさで書きますが、いったん知県に改められるとすぐに小文字に変えます」

と言い、また「数珠を持つ制度をどう思いますか」と尋ねた。私が、

「先王の定められた正しい服装ではないのですから、問題にもなりません(77)」

と答えると、厳誠は、

「そうです。数珠を持つのは五品以上になってはじめて可能ですが、翰林院の官僚は七品官でも持つことが許されます(78)」

と言った。私が、

「それはきっと、自分が仏教信者だから持つのでしょう」

と言うと、厳誠は笑って、

「そうではありません。程子や朱子でも今の世に生きていれば、数珠を持たざるをえないでしょう。今では法例があり、官僚の中には数珠を持つ資格がないにもかかわらず、郷里にいる時はしばしばこっそり持って見栄を張ります」

と言った。潘庭筠は笑って、

「程子や朱子も知県であれば、持たずにすみます(79)」

と言った。私は、

「中国で服装が変わってから、もう百年以上たちます。いま天下では、わが朝鮮のみがおおよそ古い制度を存続させております。ところが中国へ入ってみますと、知識も何もない輩《やから》の中で誰一人として、古式に従った服装を着た我々を見て笑わぬ者はおりません。ああ、これは根本を忘れたもの(80)です。我々が帽子をかぶり古式に則った帯を締めているのを見ると、かぶき役者の衣装のようだと言い、弁髪でない髪を見ると女のようだと言い、大きな袖の衣服(81)を見ると和尚のようだと言います」

と言った。厳誠は笑って、

「坊さんのようだとは、本当にそうです。帽子や帯も坊さんのものと似ています。違うのは髪があるかないかだけです」

と言った。

私は別に小さな紙に書いて尋ねた。

「最近、宮中で大事件が起き、朝廷では上も下も大騒ぎだと聞いております。あなた方もお聞きですか」

潘庭筠が顔色を失って、「どうやってお知りになったのですか」と訊くので、私は、「知らぬはずはないでしょう」と言った。潘庭筠は、

「わが清朝の家法では、（皇后を）廃立するなどはいたしません。(82) また皇太后が聖徳であらせられるため、問題は起きません。満州人のアユンガ（阿永阿、Ayungga）が皇帝を徹底して諫め、ほとんど死ぬところでしたが、漢人には一人として敢然と言うものはおりませんでした。(83) お恥しいことです」

と言った。

この時、潘庭筠は書いては破り、書いては破り、非常に慌てた動きであった。私が、

「私を可愛がってくださるのに甘え、こんな軽率なことを申して、あなたをこんなにも驚かせてしまいました。もう何もおっしゃいませんように」

と言うと、潘庭筠は、

「清朝の法令は極めて厳しく、こんなことが一言でも漏れたら、きっと殺されます。私は死ぬのが恐いですから、われ知らずこんな振る舞いをしてしまいました」

と言った。私は、

「違います。同じ中国人でしたら、こんなやりとりをしても問題ないでしょう。ただ私があなた方の親友だと言っても、中外の別は当然ながらあります。あなたが非常に恐がられた

のも、無理はありません」

と言った。この時、厳誠と潘庭筠は何か言い合っているようであったが、聴きとれなかった。

潘庭筠は、

「違います。そうではありません。中外の別だからというわけではありません。私は日頃から死を恐がる人間です。ですから私は官僚とならず、郷里へ帰って田舎で天寿を全うしたく思うのです」

と言った。厳誠は奮然として、

「天知る、地知る、我《われ》知る、子《なんじ》知るですぞ。潘庭筠さん、何を恐れてらっしゃるのです。もしかしたら、わざとそんなふりをされるのですか。私は本当に見てられません」

と言い、また、

「湛軒先生はまじめな君子です。あんたは彼をどんな人だと心得ているのですか」

と書き、また潘庭筠に向かって大声を出して言った。潘庭筠は顔色を変え、あわてて、

「厳誠さんは、本当に負けん気が強すぎます」

と言った。私は、

「これは厳誠さんが悪いのです。「(国家に道が行われていない時には)行いを高くし峻《きび》しくするが、言葉は控えめにする」(84)とは、聖人のお教えではありませんか。そうとはいえ、潘

庭筠さんが中外の問題ではないなどと言われたのは、私と親しくしてくださるようで、逆に遠ざけるものです。またあなたが本当に死を恐れるのなら、今のところ挙人であるから大丈夫でしょうが、将来、皇帝を諌める官僚となったら、どこに安住されるのでしょうか。本当にそんなことなら、早々に郷里へ帰った方が間違いがありません。平民から出仕して君主に事《つか》えようとする者が、死に場所を弁えられないようでは、その勢としてとどまるところがなくなる、と私は常々思っております」

と言った。厳誠は奮然として筆を執り、大書して言った。

「『首を刎ねるなら首を刎ねよ』、です。これは三国呉の厳顔将軍の言葉ですよ(85)」

さらに、

「何事につけ、すべてにほどよくぴったりしたところがあります。このお方《かた》にはほどよいところがないという、それだけのことです」

とも言った。潘庭筠は、

「『中庸は能くすべからざるなり(86)』です」と言い、また「おそらくは厳誠さんの中庸こそ漢の胡公（胡広）のそれでしょう(87)」

とも言った。厳誠はまた奮然として、

「『すでに明にしてかつ哲なれば、以てその身を保つ』の二句(88)こそ、天下の好人を徹底して誤らせるものです」と言い、また、「これが宋の大儒であったとしても、自分はすべてがすべて正しいとはできない。程子[89]が王安石の新法について論じなかったことのように」とも言った。私が、

「この言葉には意図するところがあってとはいえ、厳しすぎるように思います」

と言うと、潘庭筠は、

「これらはみんないい加減な議論です」

と言った。私が笑って、

「おたがいに刺激しあって、挑発されませんように。私がつまらぬことを言ったばっかりに、こんな紛々たる議論を招いてしまいました」

と言うと、みんな笑ってほかのことを話すようになった。[90]

厳誠は、

「先に潘庭筠さんの帖冊には四句の詩をお書きになりましたが、さらに私にも書いていただけませんか。あなたの手書きのものこそ、最も簡単に手に入らないものだからです」

と言った。私が、

「私の手紙の後段には、（字が下手《へた》なことに対する）おわびの言葉が簡単に書いてありますから、ご覧になればわかります[91]」

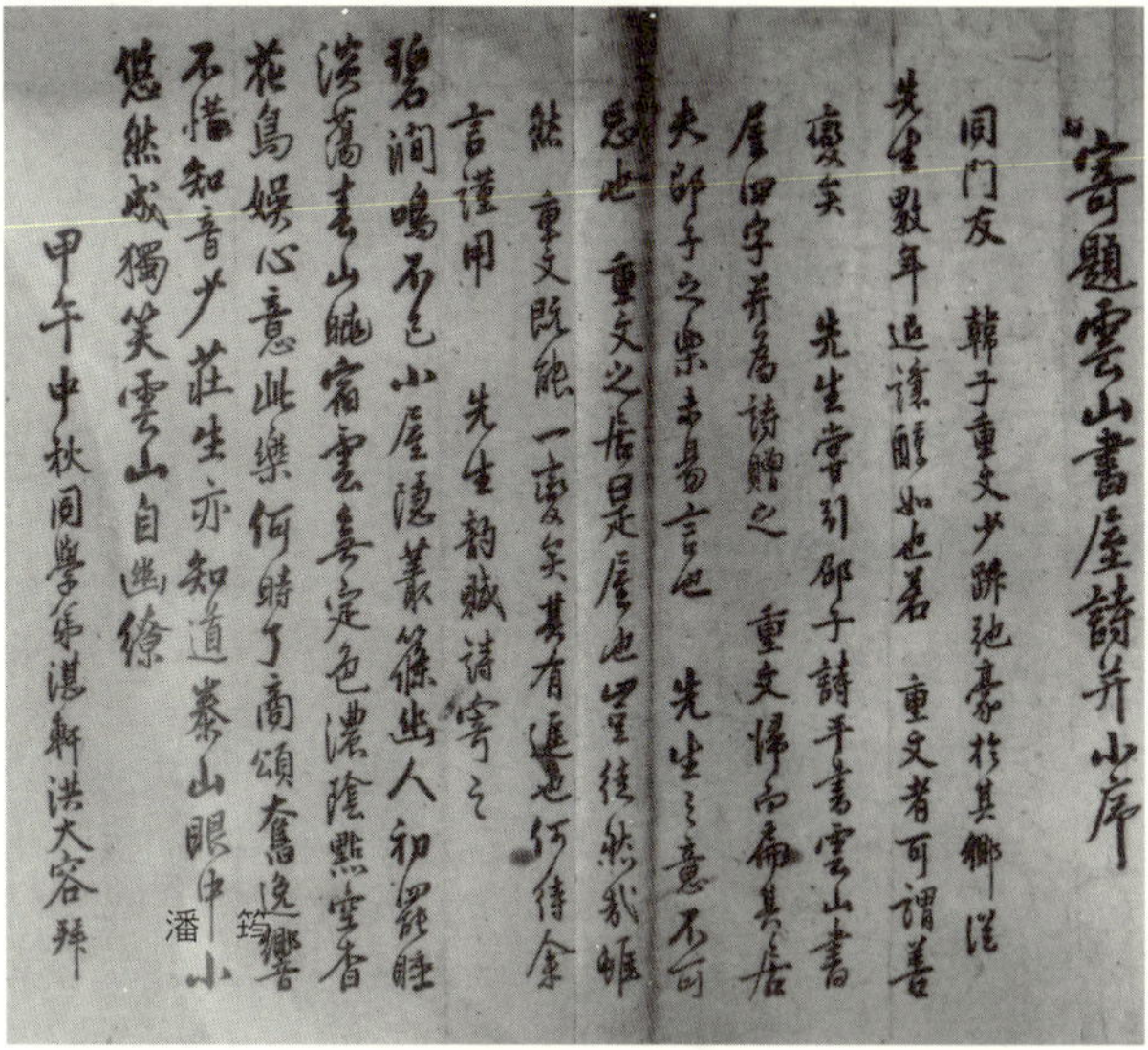

洪大容筆跡　甲午（1774年）に書かれたもの。

と言うと、厳誠は、

「あなたの筆跡は、あなたという人が書くから貴重なのです。たとえよほど下手なものであっても、すばらしいのです。将来これを見て、あなたを思い浮かべることができます。ましてや下手ではないのですから」

と言った。私は、

「物を見て私を懐かしんでくださるとのお言葉、この上なく感じ入ります。しかしながら人間としてもその筆も、両方まずいというのでは、どうしたらよいのでしょう。あなた方がこうまで私のことを気にかけてくださること、あなた方が表ではうまいことを言っておきながら、陰で笑うなどということをされるとは、もちろん思いませんが、なぜこうまでしてくださるのか、私にはわかりません。あるいは私の愚直な本性として、賢人を好むこと衷心から発するものであるのをかわいそうだと思われるからでしょうか」

と言った。厳誠は顔色を変えて言った。

「私どもが誠心からお付き合いしておりますのに、あなたはまだそんな世間体を気にしたことをおっしゃる。そうだとすれば、あなたは私どもと仲がよくないようではありませんか。私どもが、表でうまいことを言っておきながら、裏で笑うような人間でしょうか。本当に衷心から心服しておるのです。私は一つ誓いの言葉を申します。もし胸中に少しでも衷心からでない思いがあれば、わが未来よ不吉であれ、と」

さらにまた、

「この言葉は潘庭筠さんに無理して一緒に誓わせる、などいたしません」

と言った。潘庭筠は、

「衷心からあなたに敬服しないような者は、人間ではありません」

と言った。私は、

「自分ではつまらぬ者と思っておりますのに、ここまでおっしゃるとは。あなた方がここで、それぞれ誓いの言葉をおっしゃることが、ほとんど春秋の詛盟(92)と同じであることを疑ったりしましょうか。私があれこれ考えたがために、このような失敗をしたこと、すべてが「完全な間違いだ(93)」というものです。ただあなた方は、いつも私にこうした不釣り合いな言葉を加えられます。これには私は決して心服できません」

と言った。厳誠は、

「私にはほかの言葉がないのです。ただ別れた後に時々心に思い起こし、さらに前進したく思います。もし常にわが洪大容先生がそばにいて、私を督責してくださるのであれば、多少なりとも成就するところがあり、わが良友に対して、万里の外で裏切るようなことにはなりますまい」

と言った。私は、

「お受けできぬ言葉ではありますが、感服の極みです。ただ願わくは、お二人とも家では孝友の行いを尽くされ、俗人となられませんように。学問には真剣に取り組み、切に俗儒となられませんように。そうであれば私が遠く海外に控え、永遠にお目にかかることがないとしても、私はこの上なく光栄ですし、また決して恨めしく思いません」

と言った。厳誠が、

「一切の感服すべきお言葉、書いても書き切れませんし、書く必要もありません」

と言った。潘庭筠が言った。

「今日の談話で私たち二人がつまらぬことを多く話したこと、ことに残念に思います[94]」

そこで別れて帰った。

二月十九日

小使いを送った。手紙には次のように書いた。

［厳誠と潘庭筠への手紙］先日は晩く参って早く帰りましたこと、心残りです。昨日はまた雨にさえぎられ、お伺いできませんでした。残念で気が塞がること、この上ありません。昨夜来、猛烈な風でしたが、お二人は旅先で恙《つつが》なくお過ごしでしょうか。

私どもの出発日はまだ決まっておらず、もう一度お伺いしたく存じます。しかしながら限りある日々の中で、果てしのない思いを述べようとするのは難しいことです。

「八詠詩」を何度も何度もかむようにして味わいましたが、その味わいには汲めども尽きぬものがあり、まことに有徳者の言葉です[1]。「霊龕」の一詩は中でも群を抜いたもので、俗儒のこせこせした気風がなく[2]、人をして数百平方キロにも及ぶ広大な土地を突きっきり、世界の果てまで超えるような気持ちにさせてくれます。この詩を誦読すれば、その人のことがわかります。しかしながら才能の高い者があまりにさっぱりした気分でありすぎると、もしかしたら大軍の遊撃隊として馬に乗って出たところが、遠出しすぎて帰れなくなる心配はありませんか、私はこの点、あなたのために過ぎた心配をせざるをえません。いかがでしょうか。

書いていただく紙が薄いと破れやすいので、帖冊にするのがよいのですが、これでは壁に貼り付けるのに不都合です。ここにお送りする高麗紙は粗悪とはいえ、ほぼいつまでも保《も》ちます。再び揮毫をいただき、プレゼントしていただきたく存じます。「八詠詩」は各行の字が以前のものに比べてやや大きいのがよく、隷書で書かれてあれば最高です。潘庭筠さんによる「湛軒記」の文も、大小二つ手書きしてくださいますよう。

さらに厳誠先生にお願いしたいのは、私の叔父（洪檍）が「晩含斎」の三字を書いていただき堂額としたい、と申していることです。楷書、隷書、草書いずれでも随意に書き出してください。白紙二枚をこのために加えました。

以前にいただいた「飛来峰」(3)の絵、そちらでお金を出してまで荷作りいただいたことに対して、叔父は羞じるとともに深く感謝しております。対座しております時は、忙しくて申すに及びませんでしたので、ついでではありますが、ここに申し添えます。種々つまらぬことをつい書き連ねました。

あなたを思い慕うことが、かえってご苦労をおかけすることになるとすれば、慚愧にたえません。私はお二人の書と絵を愛好することにかけて、人後に落ちるものではありません。またかつて帖冊を商店で買い求めんとしましたが、あれこれ情況を考えあわせて、ついに書いてくれとは、口に出しませんでした。将来、気ままに詩を口ずさまれ、もしかして作品になりましたら、一年に一便で結構ですから、送っていただけませんでしょうか。百人の友からもらうのに勝ります。不備。(4)

［潘庭筠への手紙］手紙を書き終え発送しないうちに、潘庭筠さんの「湛軒記」が送られてまいりました。(5) 再三拝誦して感にたえません。幸い帰国してから何もない廬《いおり》に貼りつけ、無上の宝としたく存じます。かつこれによって「湛」字の意味が一層豊かになったように思います。これこそわが潘庭筠さんの贈り物です。墨筆で書いて送っていただいた紙は、帰国後に高麗紙で裏打ちすれば、永遠に伝えて破れることはありませんが、できれば厳誠さんが「八詠詩」を書いてくださったような字体で、さらに小紙にも書いてくださいませんか。「湛軒記」は私の心にかないますが、ただ私をお誉めくださっているところ、言葉が大げさすぎます。帰国後つまらぬ輩がこれを見れば、必ずや大ぼら吹きの狂人がこの嘘八百の誉め言葉をもらった、と言うに違いありません。これでは悔しいかぎりです。

厳誠さんが託された帖冊には、すべて書き込みました。ここに付してお送りします。

正使が使いの者を送ったところ、その回信に潘庭筠の「湛軒記」が送付されてきた。その文に言う(6)。

燕の外の地域を朝鮮と言う(7)。その風俗は礼節を知り中国の音声や詩がわかる点で、他国とは異なっている。唐より現在に至るまで、この国の風俗を記録する者は、この地の民間歌謡を集めて素材としてきた。

丙戌（一七六六年、乾隆三十一年）の春、私が北京へ来た時、偶然にも洪湛軒君が朝貢使節に随ってやって来ていた。思うに、中国聖人の徳化を慕い、中国の奇士を何とか友としようと思い、数千里を踏破することもいとわず、やって来たのである。私の名を聞きつけるや、ただちに私の所へ訪ねてきた。我々は主人側となり、あるいはまた客人側となり、筆を用いて縦横に心底話し合うとともに、道義の行いをすべく励まし合って君子の交わりをなした。ああ、これまた数奇なことではある。

洪大容さんは博聞強記で、どんな書物にも目を通しているのだが、律暦や戦陣の方法や、宋代の周敦頤、程顥、程頤、張載、朱子らの言わんとする根本のところを、徹底して究明しており、詩文から天文・算数(8)に至るまで、できぬものとてない。彼と一緒にいると、古えを基準として堅く守り、醇《あつ》い(9)徳をお持ちなことがわかり、儒者の気風がある。このような人物には、中国ではめったに会えないのだが、図らずもこれを朝鮮[10]という文化果つる地から得たのである。

ある日、私に語って言うには、「私は京の者ですが、心にちっぽけな願いがあって、清州の寿村[11]に隠居し、農民たちと遊んでおります。家屋は数棟あり、閣《ものみだい》があり楼《たかどの》があり、沼があり橋があります。沼の中に舟があり、二隻並べることができます。楼の外には樹があり、日陰とすることができます。この部屋に入って息《いこ》うと[12]、天文観測の機器があり、時を知らせる鐘があり、朱色の糸を張った琴[13]があります。何か事をしようとする時のため[14]、占いをするめどぎがあります。農作業と読書の合間には射撃をします。この上ない楽しみがこの中にありますから、外に求めたくありません。渼湖（金元行）先生が自分の先生です。この家の扁額として「湛軒」と書いてくださったので、私はこれを字《あざな》としております。あなた様、私のためにどうぞ『湛軒記』を書いてください」とのことであった。

私はこの人を立派な方《かた》だと考え、さらにその池や建物のすばらしさを聞いて、一度行ってその趣をすっかり味わってみたいと思うのだが、ただ遠く万里の外にあるのだから、今すぐにできはしない。昔、外国の朝貢使節が倪瓚《げいさん》の建てた清閟閣《せいひつかく》のことを聞きつけ、これを見たいと言ったのだがかなわず、再拝し嘆息して去ったということだが[15]、私の場合これとよく似ているものの、違ってもいる。しかしなぜその家にこの名をつけたのかは、理解できる。君子の道とは、心が純粋で外物に黒く染まらず、(16) その身は清く明らかで、その部屋は何もなく淡泊なものである。「湛」の字が意味するものとおおよそ一致している。(17) 洪湛軒君は自分のために、何度も性命の学を講じてくれた。その言葉は極めて純粋であり、深く湛字の意味するものを会得していると思う。私は無学とはいえ、今まさに君子の道に進まんとしており、良友に背くことのないようにしたい。さらに洪君の文章と行いを中国の知識人たちに遍く見せてやりたい。そうであるなら、字が下手であるからと言って、固辞したりするであろうか。ただし、渼湖先生が私の言葉をお聞きになったら何とおっしゃるか、これはわからない。

厳誠の帖中には、叔父と正使、副使とが順番に従って書き込み、金在行がさらにその下に書き込んだ。私は潘庭筠に贈った四句を書き込み、さらに「高遠亭賦」を書き込んだ。それは、次のようなものである。(18)

美しい野にある庭園と、襟《えり》もとをゆるめ心をゆったりさせてくれる石。
翼のような屋根のその亭《あずまや》は、君子の息《いこ》うところである。
その亭の扁額には「高遠」と記されるが、これは明朗豁達たれということから取ったものだ。

見渡すかぎりの川原には、雲が様々なかたちで湧き起こっている。

わたくし大容が頌《ほ》め言葉を作り、賦のスタイルで歌えば、ざっと次のとおりである。

そのご主人は誰なのか。これぞ伯高さん（金鍾厚）である。(19)

大きくごつごつした石が、山の奥まったところにある。上には松柏が蔭《かげ》を作り、下には冷たい泉が湧き出ている。

一面に茂った草をひらいて、青々とした苔を掃き除き、翠《みどり》色のカヤで屋根を葺いて、白木の椽《たるき》がわたしてある。

明るい花が繁り、昼はまぶしいほどだが、岩の間を流れゆく谷水は、夜になると声を響かせる。

誰かが白い月の下に坐っているらしく、蒻《がま》で作った笠《かさ》をかぶり、竹で編んだ黒いひもを結んでいる。

商頌(20)の一節を朗々と歌っており、玉で飾った琴の音と共響してすがすがしい。

山のはずれは、路が険しいものの、桂の枝を手にしてよじ登って(21)、いささかのびのびと散策する。

風がサッと吹きぬけ、雲がかげってうす暗くなる。吉祥の前兆である鳳鳥《おおとり》は、すべて飛び尽くし、兇悪で夜飛ぶはずの鵩梟《ふくろう》が、昼に鳴く。

俗事は多く志と違《たが》う、とお恨みになること、これこそあなたが、行き悩んで前へ進もうとされぬところ。

手すりによりかかって、遠くを望めば、見えるは龍門だよ高山だよ。(22)

拳《げんこつ》を一つ一つ積み重ねてゆくと、万仞《ばんじん》(23)ほどの高さにもなるし、ぐるぐる束ねた髪をまっすぐに立てれば、天に突っ込むほどになる。

ただここにいれば、まことに美しいとはいえ、しかしさあ、四方の地の果てに遠遊しよう。

長風に駕《の》って、大きく遠く翔《か》けり、ありとあらゆる道を、高く気ままに飛びまわろう。

よく走る車に十分油をさし、よく走る馬に策《むち》をあて、あなたとともに、いま遠征に出かけたい。

また書き付けて言う。(24)

道徳品行が根本で、文芸はその次である。どちらが先でどちらが後かを知ってこそ、道から外れない。

「徳性を尊ぶ」と「問学に道《よ》る」(25)とは、車の車輪、鳥の両翼のようなものであって、一方をなくしたら学問は完成しない。

また書き付けて言う。

私はもともと字が下手で、ほとんど字の格好をなしません。ですから人に文字を贈る時には、必ず字のうまい人に代わりに書いてもらいます。いま厳誠さんの求めですから、奮然として筆を下ろし、少しも遠慮いたしません。ああ、そのお気持ちの厚いこと。私は何も言うことがありません。厳誠さんのお心が、私の書く字そのものにはないからにほかなりません。(26)

使いの者が帰ってきて言うには、また来客で混雑しており、草卒の間に処置し返事をくれた、とのことであった。厳誠の手紙には次のように言う。

別れた後いかがお過ごしでしょうか、気にかかります。

今し方お手紙拝読、すべて承知しました。私の帖冊にはお手数にもご揮毫いただき、さらには閣下の方々にもすばらしい墨筆を書いていただき、感激するとともに申しわけなさでいっぱいです。ご依頼の件は謹んでご下命のとおり書き、見ていただこうと思います。

出発の日が二十一日でないのは、はなはだ喜ばしいことであり、もう一度お越しいただけるというものです。今はつまらぬことで忙しく、余計なことは申しません。草卒に返信、不備。

この日から二十一日まで、門禁が厳重を極め、下々の者たちさえ門を出ることができなかった。

二月二十一日

使いの者を送った。手紙には次のように言う。

数日の間、宿舎全体がまるで牢獄のようでした。みずから御機嫌をうかがいに参ることができぬうえに、手紙を出すこともできませんでした。この間の悶々たる思いは、一筆では尽くせません。私どもの出発の日取りは、今のところ決まっておりません。事情は右のごとくで、抜け出ることができません。「豈《あに》なんじを思わざらんや、室のこれ遠ければなり(1)」とは、このことで、古人がとっくに明らかにした道理です。

以上、いかがされているのか、おうかがいするのみです。不宣。

使いの者が帰ってきた。厳誠には前後二つの手紙があるのだが、一つは私の手紙が着くより前に書いておいたものである。手紙には次のように言う。

厳誠再拝。別れた後、いかがお過ごしかと、しきりに思われます。出発の日取りがまだ決まらぬとか、大いに結構です。もしお暇な時にでもお越しくださるなら、私の願いに深くかないます。別れが悲しいなどといった一切の言葉は、すべて無意味なことですから書きませんが、終日うらめしくもあり心がぼんやりもし、(2)まるで何かを失ったかのようで、われ知らずそのようです。このようなありさまは、お二人も同じだろうと思います。いかがでしょう、いかがでしょう。

「晩含斎」という額の字は、謹んですでに書き終えました。用紙としてお送りいただいた紙は二枚からなっておりますので、これをつなぐと痕ができるのではないかとあれこれ心配し、勝手ながら長い用紙に替えて書きました。ただし筆跡は醜劣で、閣下のお心にぴったりしないのではないかと恐れます。文や詩を記すについては、それぞれ別に書いて進呈いたします。「八詠詩」をもし別々の書体で書いたなら、おそらく全体として上品なものにならないと思いますので、すべて隷書体にしようと思いますが、どうでしょうか。

「霊龕詩」についてのご教示、極めて正しいと思います。メモにとっておいて、決して忘れないようにいたします。残念ながら今は雑用で忙しく、改正する時間をとれませんので、しばらくはこのままにしておいてよいかと思います。お国であなたの先生や友人がこれをご覧になれば、大笑いに供するにも足りませんので、できれば下手くそなものを隠しておいてください。いささか筆跡をとどめて同好の思いを記します。感激の至りです。

私の筆跡などもとより言うに足りませんが、わが兄のお頼みとあれば、ご下命どおり承りたく存じます。たとえほかに雑用があっても、そんなことを気にする暇はありません。昨日のお手紙に「頼みたいが言えない」といったお気持ちを記しておられますが、当を得たお言葉ではないように思います。もしかしたら、わが兄は本当はそんなものを必要としないので、わざとこのようにもって回った世間的な言い方をなさるのではないでしょうか。これは気を使いすぎというものです。

金在行さんの帖冊が一緒に届きました。正使閣下の詩に唱和したもの二枚とともに、一緒に進呈いたします。私が前に金在行さんのために作りました「養虚堂記」一篇は、その中であれこれ切ったりつないだり、挿入したりしており、多少得意とするところがございます。言葉は平板なものとはいえ、一方のことを書いているようで両方のことが見えるようになっており、文のテーマに借りて両兄を合わせて伝記としたところ、いささかの苦心をそなえております。わが兄はいかがお考えでしょうか。知己の前でなければ、こんなに軽々しく自分でうれしがったりいたしません。金在行さんが書道では漢魏のものが好きだとおっしゃったことについては、私はあえて考慮いたしません。これらの文字が極めて下手であっても、私は永遠に取っておきたく思います。出版して世に問おう、とまで申さぬにしましても、これを家伝として子孫に示したく存じます。

もしお越しいただけるのであれば、朝八時ごろ寓居へお着きくだされればと思います。私はまだほかへは出かけておらず、必ずお目にかかれると思います。幸いお会いできたら、この日たとえほかにつまらぬ用件があったとしても、すべて臨時に謝絶いたします。かつ、我々が交際している跡は、友人たちが大半知っており、またはなはだ平淡無奇で、まったく怪しんだり奇異なことだとするところがありませんから、わが兄は自分の方から疑われているのではないか、といった気持ちをできるだけお持ちになることなく、あまりに心配しすぎないでください。ましてや、両兄の人品学術については、すでに我々が言いふらしておりますので、無知な者であってもとうの昔から敬仰いたしております。また誰が中国だ外国だといって、妄りに区別したりしましょうか。

お目にかかる機会がありますので、言葉は意を尽くしません。ご照察くださいませ。不宣。


私の手紙に対する（厳誠の）返信は、次のとおりであった。

お目にかかって談笑できないのが憂鬱なだけでなく、二日前から召使いの者さえ姿を見せなくなりました。私と潘庭筠さんとは両方の目に針を通すように辛い思いで、苦しいことこの上ありません。いま数行のお手紙をいただいたのは、ちょうど珍しい宝を獲得したようですが、お言葉に見えるお気持ちをよくよく味わってみますと、小さな心がはり割《さ》けんばかりです。我々のちっぽけな縁は、こんなにまでなったのでしょうか。

この情況下では、宿舎の前まで走っていき、様子を探ることもできず、(「室のこれ遠ければなり」ではなく)部屋は近くとも人ははるか彼方で、いよいよ憂いが募ります。ご出発前になお都合をつけていただいて一度お目にかかり、永遠の別れをすることができぬものかどうか。ここまで書いてきて、私は無情の人とはいえ、手はふるえ心は痛み、涙がこぼれ落ちます。

お頼みになったあれこれの筆墨、十八日にすべて書き終えましたが、差し上げるすべもありませんでした。簡単な手紙一通さえも、まだお送りしておりません。いま、小使いが来ましたので差し上げます。是非とも黙してわがこの心をご覧ください。

先にいただきました書冊の内にある、道徳品行と文芸について、および徳性と問学についてのお言葉、我々の不治の病をぴたりとついたものです。謹んでこれを左右に並べ、終身、身に帯びるべき言葉といたします。深々とおじぎをしてありがたくいただかないで、何としましょう。

前に書きました手紙を出すのを忘れていましたので、いま一緒にこれも出します。つまらぬ思いをとりとめなく書き連ねるとともに、あわせてご無事を祈ります。不備。

潘庭筠の手紙には、次のように言う。

風に砂塵がものすごく吹き揚げられ、天も薄暗い候、楽しく安らかにお過ごしなのかどうか、大いに気にかかっております。

数日来、足をお運びいただかず、使いの者も参りません。どうしてなのかと心配で、朝夕気にかかっております。あなたを思う苦しさは、紙筆では語れません。このたびご芳翰を拝読し、まるで珍しい宝を得たようですが、子細にお言葉を味わいますと、悲しく辛くなります。どういうことで、我々の縁はこうまで薄いのでしょうか。これではかえって、交際しない方がよかったと感じられます。いかがお考えでしょうか。

つまらぬ文章はもう書きあげましたが、数日の間、差し上げる方法もありませんでした。今、召使いが帰りますので、持たせます。この中で数語を取り換えた点、前稿と若干異なりますが、結局のところ、下手さかげんを隠すことはできません。また前日の芳翰中に、「一冊には筆で手書きしてください」とありますが、なぜ書いておけと帖冊を放り投げてくださらないのでしょうか。私どもの筆跡は醜劣であり、もとより清覧に供するに値しませんが、私どもが雑用で忙しく、こんなことでまた面倒をかけたくないとのお考えだとすれば、それは大いに違います。天涯知己であればご下命は実行すべきであって、雑用など問題になりません。ましてやなお、これをやるための暇があるのですから。余計なことをお考えにならぬよう、祈りあげます。

草卒の間には詳しく申すことができません。ただあなたのことを思って、窮《きわ》まるところがないというだけです。

明日もしかして、ご都合がつきお目にかかれましたら、この上なく幸せです。

厳誠の「養虚堂記」には、次のように言う(3)。

丙戌の春、私は北京に旅行し二人の異人と交わった。金養虚さんと洪湛軒さんという名で、朝鮮人である。何とか中国の知識人を友としようと思い、朝貢使節に付き随って京に来た。住むこと三個月目になったが、ついに志を得ず、友とすべき者に出遇うことがなかった。また宿舎からの出入りには、必ず門番におうかがいを立てねばならず、拘束され思い悩んで苦しむばかりで、志を遂げることができなかった。私と会ってからは、旧知のように大いに楽しんだ。ああ、私はどうしてこの二人を得ることができたのだろう。

洪君は中国の書において読まぬところなく、暦律、算法、占い(4)、戦陣の法に詳しい。ただ本性として心篤《あつ》く慎み深く、性理学を語ることを好み、儒者の気性をそなえている。金君はというと、険しい山のように一人そびえ立つとともに磊落《らいらく》でもあり、世間のならわしに羈《つな》ぎとめておくことができない。赴くところは違っているようだが、関係はよい。私は洪君の人となりを敬ううえに、金君をも大好きだ。金君は詩作が好きで、漢魏盛唐諸家のものを心身かけて模倣し、風格は力強く、書くのも俊敏で気持ちがよい。私の住まいに来るたびに、言葉が通じないので対座して筆を操り、紙に筆を下ろすこと飛ぶがごとく、一日に数十枚を使い尽くすのが普通であった。

本性として大変酒好きであるが、朝鮮で禁酒令が出ているので、いつも飲むわけではない。また洪君が飲むのを叱ることがあるが、常に頭を掻《か》きながら自分からやめはしない。ある日、私は金君と酒を飲み、大いに盛りあがったのだが、それでもなお洪君が来て、見付けはしないかとずっと恐れていた。ただ話が洪君のことにおよぶと、必ず豪傑の士(5)であると言う。

朋友としてのあり方は様々だが、たがいに行動において一致しても、心を一つにできないし、心を一つにできなければ行動も日ごとに離れていく。このため、正しい人と正しい言葉とは常にその時に受け入れられず、怠惰で勝手放題な者は、正しい人と正しい言葉とに親しむのを恐れるがゆえに、親しむべきではない人(6)と親しくするような小人に堕落しながら、自分ではその過ちに気がつかない。そして朋友とはいかにあるべきか、ついに二度と問題にしなくなるのである。

金君の洪君との関係は、また何とすばらしいことであろうか。

酒が最高潮に盛り上がった時、私は金君に「あなたはなぜ仕えないのか」と訊いたことがある。金君は憤って嘆き、大きくため息をついて言うには、「あなたは私がどうして養虚という号を名のっているのか、ご存じでしょうか。私の国のならわしでは門閥を重んじます。凡庸な者でも高位を得ることは難しくありませんが、家柄のない貧しい家の者は、すばらしい才能があっても世に出ません。私はもと何世代も続く家柄の子弟で、うま味のある官職を得ることは極めて簡単です。かつ年は五十歳近くで老いております。ところが甘んじて自ら目立たないようにし、自分でその身を苦しめております。これは「為さざる所《ところあ》有る也」(7)というものです。

そもそも私の心は太虚(8)のようなもので、金持ちになることや貴い地位にあることを、浮き雲のようなものだと見なしておりますし、本性からして怠け者かつ傲慢ですから、世の中で用いられません。時々一篇の詩を吟じては、欲もなく心満足して(9)楽しみます。時々一壺の酒を傾け、陶然《とうぜん》として(10)何かを獲得したような思いになります。わが太虚を養うことを知っているからです。怠惰で傲慢な性格なのを無理してまで、世のならわしに従おうとするのは、人に無益なだけでなく自らを損ないます。わが虚によくない結果を、これほど大きくもたらすものはありません。これぞ私が養虚を号とした理由です。こんな次第で、住んでおります堂を養虚堂と名付けたのです」とのことであった。

そもそも洪君は詩を作らないし、酒を飲むのを嫌っており、金君とは違っていると考えられるが、貴族の家柄に生まれながら田舎に隠居し、今まさに聖賢の道を講じて明らかにしつつあり、生涯にわたって仕えることを願わない。その志はまた金君の志でもある。こう考えてきてやっと、二人の行動は合わないようでありながら、心ではお互いを良しとして認め合い、真剣な付き合いをしているのは、もっともなことだと理解できる。残念ながらこの堂は遠く異国にあって、私は一度として養虚の堂に登って、金君とここで囂《ごう》々然、陶々然となることはできない。金君がまさに帰らんとするにあたり、これを書いて贈る。海外朝鮮の士の中で洪君と同様な志を持つ者は、ともにこのことを考えていただきたい。

また、何も書いていない帖冊二冊を持たせて召使いを送った。手紙には次のように言う。

お手紙を拝受、読んで心を傷めました。ここにお送りする二冊の帖冊は買ってからしばらくたちますが、結局、お手をわずらわせるのではと恐れて、申し上げることができませんでした。ご指示を承り、格段のお心遣いに対して、とくに申し訳なく思います。かつ金在行兄の帖冊を見ましたところ、羨ましくてたまりません。ここに冒昧にも手紙とともにお送り申し上げます。

出発の日取りは今のところ未定です。もしも忙しいようでしたら、草書体の大文字をお願いしたく、一枚一字であっても結構です。絵画は大好きですが、手間と時間が大いにかかると思います。多くください、などとは申しません。不宣。

使いの者が帰ってきた。厳誠の手紙には次のようにあった。

お手紙、一切承知しました。二冊の帖冊は即日書き上げ、ご下命にお応えしたく存じます。出発の期日が未定であるなら、またお目にかかることができます。こんな幸せなことはありません。不一。

乾浄筆譚　下

二月二十三日

外出禁止令がやっと解かれたため、金在行とそそくさと朝食を終えて外に出た。旅館に到着したところ来客が今いるとのことであるので、逡巡して中へ進まず、金在行と帰ろうかと相談した。疑いをまねき、差し障りができることを望まなかったからである。しばらくすると、潘庭筠が走って門まで来て、握手歓迎して入ってくれるようにとおじぎをしながら言った。私が「お客がいるようですから入りません」と言うと、潘庭筠は「かまいません。かまいません」と言った。そこで一緒に入り内門に至った。厳誠も出迎えてくれ、あい携えて座についた。見れば炕《オンドル》の上下には絹地の画材に新しく描かれた絵四、五幅と書籍とがあちこちに積まれている。

この時、潘庭筠は忙しい様子であり、

「数日お会いすることができず、あなたのことを思って大いに苦しい思いをしました」

と言い、また、「昨日、陸解元(1)が北京に着きました。私どもは、早速我々が唱和しあい交わりを結んだことを一つ一つ詳しく申し、あわせていただいた詩や手紙を見せました。彼はこれを聞いて、北京へ到着するのが遅くなり交わりを結べなかったことを残念がり、すぐに灯下で五幅の絵画と一通の手紙を作り、三人の閣下とお二人に差しあげたいといたしました。

その人物たるや高雅なること絶世です。同じく近くにいるのですから、お会いになってはいかがでしょうか」

と言った。私が、

「その方は蓮花詩を作られた陸先生ですか」

と訊くと、潘庭筠は喜んで「そうです」と答えた。私は、

「その詩を拝見し、お目にかかりたいと思っておりましたが、できませんでした。天が幸いにも近くに居させてくれるのは、我々の厚縁ではありませんか」

と言った。厳誠は、

「この方は我々が仰ぎ見る方で、その人品と学術ともに我々の手本とするに足ります」

と言いながら、その手紙を見せた。手紙には次のように書かれていた。

陸飛啓上。

　今回の旅行で到着が遅くなったこと、自分でも恨めしく、あなたの言論風采に一度も親しく接するに至りませんこと、生来第一の痛恨事であります。午後にやっと旅館に到着し、玄関に入るや他の話に及ぶことなく、厳誠さんと潘庭筠さんが直ちに諸先生と往来したことをあれこれ話され、途切れることがありませんでした。また諸先生の手書きのものを取り出し、長いものも短いものもテーブルに縦横無尽に広げられましたが、目にいたしまし

たところ玉のように美しく、一つ一つゆっくり手にする余裕もありませんでした。厳誠さんと潘庭筠さんとがまた傍からあれこれと口を出しますので、耳も目も疲れ、耳目両方を使わねばなりませんでした。またあたかも司馬遷が書いたすばらしい伝記を読むようで、叙事を交え議論も交えておられます。傾倒して身も心も小躍りし、名状しがたいばかりでした。

聞くところ、諸先生には使節としての仕事が間もなく終わり、ほどなく帰国の途につかれるところで、様々な情勢に妨げられて心ならずも外出できないとか、わたくし陸飛もこの地に到着したところで、俗務が身にまといつき予定がつきませんので、おそらくはついにお目にかかることは叶わぬと存じます。

ただ常日頃から朋友に命を懸けており、ましてや朝鮮の異人に偶然出会うのであり、しかもお一人だけではないのです。もし厳誠さん、潘庭筠さんの末尾に付することが叶わぬようでしたら、わたくし陸飛はこの二人に対して、終身解くことができない嫉妬を懐《いだ》くことでしょう。腸《はらわた》の熱きこと火のごとく、吐き出そうと思う一片の気持ちを吐き出しえませんため、ついに下手であることも忘れ、絹布五幅を用いて灯下に絵を描き、いささかプレゼント(2)に代えたく存じます。描き終えたところ、時間はすでに三鼓(3)になっておりました。うまいか下手かは言うに足りません。ただこの時に筆を湿して描きなぐっただけです。日中に車馬に揺られた労苦を忘れただけでなく、夜が更《ふ》けたことも気がつきませんでした。この気持ちをわかってやってください。

人が会うのは必ずや因縁があり運命があってのことで、努力してできるものではありません。しかしながら、今日会わないことが他日会うことになる宿根とならない、などと何で知りえましょう。この生で会わないならば来世でも巡り会うことはない、などと何でわかりましょう。会って後に相手を思うのと会わずに相手を思うのとは、同じく窮まるところがありませんが、会わずに相手のことを思うのには、会うより深いものがあります。かつ相手を思うというこの上ない喜びがあって別れの辛さがなく、何がしか女子供のような真似をせずにすむのですから、まさしく会うことと会わないこととの優劣は比べられません。たとえば古人の書を読むようなものです。古人に会うことなどできるはずはありませんが、尚友の志(4)とはすなわち古人に会うようなものです。ただもしもこの生のうちで、白《しら》髪《が》頭となって数千里を隔てながらも、各々胸の中でその名は某《なにがし》、その姓は某、その人物はしかじかと思いを懐くのでしたら、わたくし陸飛と諸先生とは、いまだ往来したことのない古人なのです。これ以上の幸せがありましょうか。

拙稿五冊を諸先生に一冊ずつ贈呈いたします。これはわたくし陸飛が、旅に出るに際してにわかに刻したものであります。字がいい加減で誤りも多くあり、いまだ校正するに及びません。その中の不適切なところすべてを是非お教えください。稿中に「自作の荷風竹露草堂図に題す(5)」というのがあります。これはわたくし陸飛の蔽居です。詩でも文でも結構ですから、先生方に一篇ずつを賜りますれば、まことにありがたく存じます。「忠天廟画壁歌(6)」に各々一篇を賜りますれば、拝跪していただきます。この上ない幸せです。

　陸飛、再拝して啓上申し上げます。

　読み終わり、金在行が大いに喜んで、

「私どもが参上し、お目にかからねばなりません」

と言うと、潘庭筠は、

「出かける必要もありません」

と言い、すぐに走って出ていった。私と金在行とがついて出て門に至るまでに、陸解元はもう簾を掲げて入ってきた。その人となり、体つきは小さいのだが肥えており、顔は白皙にして風儀に偉然たるものがある。我々に向かってほほ笑みかけ、手を挙げて揖礼《ゆうれい》(7)した。私は粛然と揖しておじぎをした。陸解元は手で私を支え、炕の足下まで来て登らせた。厳誠は、

「みんな気心が知れています。遠来のお客が上座にお上りください」

と言う。金在行は、

「みんなお客ではありませんか。遠い近いを問題にすることはありません。年齢順にしましょう」

と言ったので、私は金在行に、

「しばらくこの地のやり方に従うことにし、形を取りつくろう必要はありません」

と言った。私はそこで金在行と一緒に炕へ上がり、壁を背にしてテーブルの左右に坐った。陸解元は私の下手に坐り、潘庭筠は金在行の下手に坐った。厳誠は別に椅子を炕にくっつけて坐った。

私は、

「お目にかかりたいとかねがね思っておりました。このたび幸いにも拝顔いたし、驚喜にたえません。ただ私のことを思ってくださるのに対し、お答えできないのを恥ずかしく思います」

と言い、金在行は、

「海に面した田舎のつまらぬ者が、たまたま中国へ入り二人にお目にかかり、ついに知己となりました。先日、玉のように美しい作品を拝見し、一度お目にかかりたいと思っておりましたが、図らずも今日拝仰することができました。これはきっと鬼神の助けがあってのことに違いありません」

と言った。陸解元は、

「昨日到着するやいなや、一心に思って狂わんばかりでした。お目にかかれないものとばかり考えておりましたのに、お目にかかれたのは、実に普通ではありえない幸いです」

と言った。私は、

「私たちが帰国する日は、三月一日と決まりました(8)。図らずも延びのびとなり、早く帰りたい心は矢のごとく、憂鬱なのは当然とはいえ、さらにお二人に会う時間ができたことはありがたく、今また陸飛先生にお目にかかることができました。これは天が取り図らってくれたことです」

と言った。陸解元は、

「昨日、厳誠さんと潘庭筠さんとがあなたを理学大儒であると絶讃したので、弟子になりたいとは思いましたものの、時間がありませんでした。今だしぬけに「先生」などと呼ばれるのは、私を馬鹿にして見捨てられるのでしょうか」

と言った。私は、

「今、(理学大儒の弟子となりたいなどと)お言葉をいただきましたが、これは私があなたを見捨てるのではなく、あなたが私を見捨てられるのです」

と言うと、みんな笑った。陸解元は、

「こんなことでは、世間の習わしにまといつかれるばかりです。この辺りで友達としての交わりを結んではいかがでしょうか」

と言った。私が「ご命令に従うのみです」と言うと、解元は、

「私は年四十八歳です。金在行さんはおいくつですか」

と尋ねた。金在行が、「四十九歳です」と答えると、「わが兄です」と解元が言ったので、金在行は、「お受けします」と言った。解元はまた私に対して、「おいくつですか」と尋ねたので、「三十六歳です」と答えると、「とすれば私の弟です」と言った。私は笑って、「私もお受けします」と言うと、みんな笑った。

私は、

「ここで会ったのは、実に千古の奇縁です」

と言った。

陸解元は字《あざな》は起潜、号は篠飲《しょういん》である。(9) 陸飛は、

「厳誠さんが我々と一緒に科挙を受けるとはいえ、もとより栄達を願うわけではありません。今日こそ人生で絶大なめぐり合いであること、まことに仰せのとおりです」

と言った。私は、

「陸飛さんは打ち解けてよく笑われるので、一度接しただけでその長者の風を見てとるこ

とができます」

と言うと、潘庭筠は、

「よく笑うのは陸家の家学です」

と言う。陸飛は、

「『人世、口を開けて笑うに逢いがたし[10]』と申します。皆さんにお目にかかったのですから、笑わざるを得ません」

と言った[11]。

厳誠は詩稿五冊と絹布に描いた絵五幅を我々に示しながら、

「陸飛さんの詩稿は三人の閣下に三冊お贈りし、お二人は一冊ずつ受けとってください。五幅の絵も同様です」

と言った。

潘庭筠はその絵画を展《ひろ》げて見せた。みな水墨で乱草を描いたもので、筆も絵画も力強いものであった。潘庭筠は二幅の絵画を指さして、

「こちらは瀑布、こちらは雲気です。いよいよ奇抜で雄壮です[12]」

と言った。厳誠は、

「この両方とも昨晩灯火の下で描いたもので、三更（十一時頃）にやっと完成しました」

と言った。私は見終わり、

「謹んでお受けし持ち帰ります。美しい玉をいただいたかのようですが、恨めしいことに無能なため、称賛の言葉がうまく出てきません」

と言った。陸飛は、

「つまらぬ業《わざ》で、遊戯に供しただけです。あれこれ言うほどのものではありません。ゴテゴテと言い飾ることは、立派な男子たるもの、いたしません。いたずらに笑いをとるだけです。[13] 朝鮮でも、醤油壺[14]に蓋《ふた》をするために用いてくださってかまいません」

と言った。

陸飛はその詩稿中の「忠天廟詩」を指さしながら言った[15]。

「忠天廟[16]とは村の社《やしろ》です。神は隋唐の時の越国公汪華です。後殿の壁画は、今はなき曽祖父の手蹟になります。皆様には、詩でも文章でも結構ですからお寄せいただき、輝きを添えてやってくださることをお願いします。石に刻んで不朽に伝えます」

と言った。厳誠は、

「洪大容さんは詩を作るのを好まれません。そこで屈原の『離騒』体の詩数韻を作っていただいてはどうでしょうか」

と言った。私は、

「壁画がどのようなものかお聞かせください。今はなき曽祖父の平素の行跡についても簡単にお伝えいただき、私が尊んで仰ぎ見る気持ちを込められるようにしてください」

と言った。陸飛は、

「壁画は諸天神仏を描いたものですが、今はもうぼやけており、何がどうだかはっきりしません。曽祖父である陸瀚《りくかん》、字は少微、号は雪酣道人が明末にあたり絵画の世界に身を隠し、長生きもいたしませんでした。その時、これといって有名ではありませんでしたが、絵画についてはその名が今に至るまで知られています。ただ贋作がはなはだ多うございます。これらは私の詩の中でも簡単に書いてあります。「尊んで仰ぎ見る気持ち」云々のお言葉、恐れいります。ただ私どもが偶然に遇った事情から説き起こしていただき、私の詩をご覧になってこの題を書くことになった云々、としてくだされば結構です。西湖はわが杭州の名勝です。諸先生には心で西湖を見ていただき、これで文章に起伏をつけてはいかがでしょうか」

と言った。厳誠は、

「その家には荷風竹露草堂があり、前に篠の草むらが植えられております。後ろには大きな池があり、どこにも芙蓉が植えてあります。群書が書架に並び、あちこちに題簽を貼った漢帙が散らばっております。この方はそんな中で寝起きされ、人間としてこの世に生まれた清らかな福を満喫しておられます。この草堂に題した一文を書いていただかなければなりません」

と言った。陸飛が、

「三人の閣下にも、私のためにお言葉をいただきたく思いますが、お伝えいただけますか」

と言うので、私は、「お気持ちを伝えます」と答えた。(17)

厳誠が、

「先日いただいた〝徳性を尊ぶ〟（二月十九日、厳誠の帖冊に洪大容が「〔徳性を尊ぶ」と「問学に道《よ》る」とは車の両輪や鳥の両翼のようなもので、一方をなくしたら学は完成しない」と書いて贈った）という二語は、終身佩服いたします」

と言うと、陸飛は、

「これは正論です。もとより分けて二つにしてはいけません」

と言った。私は、

「私が書いたものは、祭の時に並べられ、後は捨てられるのを待つだけのワラ犬のようなもの、(18)何の奇とするところもありません。二つに分けてはいけないとの教えは、おそらく不易の論でありましょう」

と言った。私はさらに、

「私は今ちょうど、お二人に別れの時に贈ろうと思って書いた数十字を懐に持っております。陸丈《せんせい》にもお教えたまわりたく思いますが、いかがでしょうか」

と言った。陸飛は、

「丈（先生）、丈（先生）などとおっしゃり、おやめにならぬのは何でですか。[19] 結局のところお見捨てになるのですか」

と言った。この後は、兄《さん》と称することにした。

厳誠が贈る言葉を見せてくれと言ったので、私はこれを懐中より取り出して与えた。陸飛はこれを広げて読んだ。そのうち潘庭筠に贈るものは、次のようであった。

仁者は別れるにあたって、必ず言葉を贈るものだ。私にそんなことができるのだろうか。しかしながら、我々はまさに生死の別れをするのだ。言葉なしですまされようか。

最上は「己を修め人を安んずる」[20] こと。その次には「善く道《みち》びきて教えを立てる」[21] こと。最も下なのは「書を著して不朽を図る」[22] こと。このほかは利益や栄達を求めるだけである。いやしくも利益や栄達を求めるだけであれば、落ちるところまで落ちることになる。[23]

君に仕えるのは、ある時には栄誉を求めんがためでもあるし、またある時は平民では恥ずかしいということもある。人の宮廷に高官として立ちながら、古代夏殷周の礼楽を復活させようとする志がないのであれば、これは君主に「容悦《おもねり》をなす者」というものである。これは「富みて且つ貴くなる」というものである。これで恥を知らなければ、一緒に話はしにくい[24]。

高い才能があり文章もできるのに、徳をこれに加えることがなければ[25]、あるいは遊郭であの人は薄情者だなどとの浮き名をとり[26]、あるいは軽薄君子に落ちぶれる。才は恃《たの》むべきではないし徳を修めることに気をぬいてはいけないとは、こういうことだ。

欲望を減らさなければ心を養えない[27]。威厳があって重々しくしなければ、よく学ぶことはできない[28]。任務は重く、人生の道ははるか遠い[29]。わが同志よ、敬《つつし》もうではないか。

善悪は心の中に萌《めば》え、吉凶となって外に表れる。もしわが徳をさらに進めて修業したいのなら、やはりわが心に反省し求めるほかない[30]。

陸飛は見終わり、

「一枚書いて私にください。座右の銘としますので必ずください」

と言い、また、

「まったくこれは張載の『正蒙』です。文が似ているだけではありません」

と言った[31]。

また厳誠に贈る言葉を次のように読んだ。

杭州には山があり、山菜を採って食べることができるし[32]、杭州には水があり、足を濯《あら》うことも魚を釣ることもできる(33)。古《いにし》えの聖人である周の文王と武王の定めた道は書物に書かれているのだから、これを広げて読むことができるし、後進の者たちがこれに従うなら、文王が周を建国したように、すばらしい世の中を実現させることができる(35)。衰えた世では伸びやかにゆったりとしてこそ(36)、わが人生を終えることが可能となる。

そもそも道とは一つしかないから専であり、専であれば静であり、静であれば明がそこに生まれる。明がそこに生まれれば、物は明るく照らし出される。心が止水や明鏡のように動かず純粋であるのは(37)、本体が出来上がっていることであり、人々の知識を開きあらゆる事業を達成させるのは(38)、実用へ道が及んでいることである。本体のことばかりに専心するのは、仏教の徒《と》がやる空への逃避であり、実用にのみ専心するのは、俗儒の徒が利益のみを追い求めんとするものである。

朱子は孔子の後継者である。このお方がいなければ、私はどなたに従ったらよいのだろう(39)。とはいえ、形だけで朱子を真似、よく考えもせず同意するのは佞《へつらい》である。無理をしてでも朱子と違う説を立てようとするのは、賊《どろぼう》である。

厳誠は読み終わり、喜びの色が顔にあふれた。隷書体の字でこの手紙の上に、「湛軒先生が別れに当たって言葉を贈ってくださった。子孫たちに教え示し、永く宝となさん」と書いた。潘庭筠は憮然たる面持ちであったが、ややあって、

「ありがたいお訓《おし》えはこれこそ対症の薬と言うべきもの、終身謹んで服膺《ふくよう》させていただきます」

と言った。私は、

「私はお二人が心より好きですから、かくあってほしいという気持ちも切実なのです。私の誨《おしえ》を贈りたい[40]だけで、美辞麗句や誉め言葉は用いておりません。言葉は下手でつまらぬものといえ、その内容はよくよく考えたものですので、私のような者の言ったことだとしてその言葉まで捨て去らないでください[41]」

と言った。厳誠は、

「私は謹んで終身、身に帯びるべき戒めといたします[42]。ただ潘庭筠さんに贈られた言葉は、切実でずばりと言ってのけたものですから、潘庭筠さんにとって対症となる薬であるだけでなく、私もそれを読んで身がすくみました。小さな紙にでも、もう一枚書いていただけませんか。立派な紙である必要はありませんから。あなたの筆跡こそが大事なのです。これを座右に貼りつけて、目に触れるたびに心を警《いまし》めることにしたく、いつもこれをわが身のこととといたします[43]。こうすれば、少しは進歩しましょうから、あなたからいただくものが、さらに大きなものとなりましょう。私も威重（威厳があって重々しい）の二字には、大いに欠けたところがありますから」

と言った。私は、

「むかし、「君子は自分に何かを獲得してから後に、はじめてそれを人にも要求する」(44)と言っておりましたが、本当にそうなら、自分ができないことを友に求めてはいけないことになるのでしょうか。あなた方のお教えをお聴かせください」

と言った。潘庭筠は、

「箴《いまし》めの言葉には、友に対する古人のような真心を見てとることができますが、そのあと続けて謙遜した言葉をおっしゃるとは、まだまだ世間的なことを気にかけておられます」

と言った。私が、

「これは一般論としての道理です」

と言うと、厳誠は、

「かりにも真心からお教えのようにおっしゃるのであれば、やはり言った人がどうだからといって、その言葉まで捨て去ってはいけません。ましてやあなたは心の中が誠実で、それが外に表れるというもの(45)ですから」

と言った。私は、

「「君子は自分に何かを獲得してから後に(46)、はじめてそれを人にも要求する」とは、おそらく「善を行うように友人同士で責め合う」と同じ意味であり、これらを両方行って矛盾がないのです。もし自分ができないからといって結局これを友に責めないのであれば、自分と友とがたがいに損ない合う(47)のと同じようなものではありませんか。おそらく人に責めるなら、自分もこれによって自分の方から努力するでしょう。これこそ古人の正しい人間関係だと思いますが、いかがでしょうか」

と言った。厳誠は、

「今日では、古人の人間関係を目標にして励まし合うのは、寥々たるものです。自分ではまだできない段階で、こうせよと人に言う者も多くありません。あなたは自分ではまだできないでいる、と自分でお考えになったうえで、これを人に責められるのですが、私が見ますところ、あなたはもちろん自分でおできになったうえで、これを人に求められているのです。今後は謙遜されすぎないよう、お願いします」

と言った。陸飛は、

「要するに、友に善であれと責める責善の二字で十分です。それが自分にすでにあるかどうかは、もとより論ずる必要がありません」

と言った(48)。

金在行が厳誠に向かって、

「先日『養虚堂記』をいただきましたが、これを地に叩きつければ、美しい金石の音を発するかのようにすばらしいものでした(49)。しかし朝鮮では国家の禁令が極めて厳しく、酒の一字はまったく国中で使われません。どうしたらよいでしょうか」

と言った。厳誠は、

「それなら別に一篇の文章を作り、酒の字を避けて取り止めにしましょうか。酒はこれまた、どうして避けねばならんのですか。『論語』の中で、酒のことを言うのは一度や二度ではありません。とすれば、孔子は間違っておるのでしょうか」

と尋ねた。金在行は、

「『養虚堂記』で言う「酒を嗜《たしな》む」という酒の字は改める必要はありませんが、「酒を飲む」の酒は絶対にいけません」

と言った。厳誠は、

「文章には起伏や変化が必要で、類似の表現を使わざるを得ません。おっしゃるとおりにしたら、大いに面白さはなくなります。先ほど陸飛さんも、ここのところを特段に誉めておられました。酒を飲むというのを削ったら、風味を減ずるように思いますが」

と言った。陸飛が、

「国家の禁令とは言わずに、近頃「酒を止めた」と言うだけにしたら、どうでしょうか」

と言った。金在行が、

「酒を止めた（止酒）という二字は、正直ではありません」

と言うと、陸飛は、

「そうだとすれば、どうしようもありません」

と答えた。厳誠が、

「金在行さんは酒を嗜まれますのに、国家の禁止がそこまで厳しいというのでは、どうやって毎日をやり過ごしているのでしょうか」

と言うと、金在行が、

「生きているより死んだ方がましです」

と答えた。陸飛が大笑いして、

「呑《の》んだくれ（酒鬼）！」

と言ったので、一座は大笑いした(50)。陸飛はまた、

「私も東遊したいのですが、こんなことなら朝鮮のことを白蓮社(51)だと思います」

と言った。厳誠が、

「金在行さんはきっとしばしばこっそりと飲んでいますから、私が訴え出んとし、文章を書いてその悪事をばらしてやったんですよ」

と言ったので、みんな笑った。潘庭筠は、

「先日、私の手紙では「管仲の器（小さなおちょこ）[52]を用いるだけにしましょう」と言いました。今日は管仲の器でやろうと思いますが、どうですか」

と言った。金在行は、

「管仲の器どころか、瓢箪《ひょうたん》や管のようなごくごく小さな器[53]を用いたところで、どうしようもありません」

と言った。また、

「国家の禁令に囚われてみすみす風味を損なうとは、悲しいことです」

と言った。陸飛が、

「洪大容さんはほんの一滴も口にされませんか」

と尋ねたので、私は、

「もともと飲みません。禁令を守っているというだけではありません」

と答えた。[54]陸飛が、

「とすると、人が酒を飲むのも嫌ですか」

と訊くので、私は笑って、

「私は自分では飲みませんが、人が酒を飲むのを何で嫌だと思ったりしましょうか。ただ国家の禁令を無視する者が嫌いなだけです」

と答えると、みんな笑った。陸飛は、

「『離騒』を作った者は、もともと自分一人だけ醒《さ》めておりました(55)」

と言った。潘庭筠は、

「今日は、こっそり飲むことにしてはいかがでしょう」

と言った。金在行は、

「洪大容さんはいつも酒を飲むなと戒めます。ですから、洪さんがその場にいるかぎり、酒のことは口にしません。今日は洪さんとて、私をどうにもできません」

と言った(56)。私は、

「今日の集まりは、酒なしでは歓《たのし》めません。国の禁令があるとはいえ、外国にいる以上、方便《ほうべん》でゆくというのも一手です。金在行さんにはお飲みなさいとは勧めませんが、止めておきなさいとも言いたくありません」

と言い、また笑いながら、

「酒鬼（呑んだくれ）は人にとりついて離れぬもの、酔わせてしまえば、食べ残しにありつけてありがたい」

と言った。みんな笑った。陸飛は、

「このように飲むのを許したとすると、飲んだあとで三人の閣下に会った時、問題が生まれませんか」

と尋ねた。私は、

「天下の奇会があるとなれば、天下の奇事をもって対応せねばなりますまい。何で一つの論に固執する必要がありましょう」

と言った。潘庭筠は、

「酒が参りましたよ。筆談は止め止め」

と言った。そこで果物や肉、スープの数器をテーブルに並べ、小さなおちょこを各人の前に置いた。ボーイは酒を燗《かん》にして注いだ(57)。

陸飛が言う。

「金在行さんはよくお飲みになりますが、どれほど飲んだら酔うのですか」

私が、

「彼はよく飲みますが、数杯でも酔って、よく気の狂った言葉を吐きます」

と答えると、金在行は、

「その狂たるや、私はまだまだ及びません(58)」

と言った。陸飛が、

「漢の蓋寛饒《がいかんじよう》は、酒を飲まぬのに気が狂っているのだから、何で酒を必要としようかと人に言われましたよ(59)」

と言うと、金在行は、

「酒を飲まずに狂っているのですから、飲んだ後は逆に狂わないのです」

と言った(60)。

このとき、それぞれは小さな杯《さかずき》で飲んでは注がれ、注がれては飲んでいた。潘庭筠は自分で杯をとって私に勧めながら、

「三杯ほどお飲みになってはいかがですか。多くは勧めません」

と言った。私は、

「私はもともと酒を飲みません。強いて勧められませんように。また、ただ酒中の趣《おもむ》き(61)がわかりますから、杯の中のものは必要ありません」

と言った。各人が酒を飲むときには、必ず代わりにお茶を持ってこさせた。私が、

「お茶をもって酒に代えるとは、私の風流もとんと地に落ちたものです(62)」

と言うと、みんな笑った。

厳誠が、

「先日のお手紙（二月十日）に対して、まだ返事しておりません。いつかご返事をせねばなりません。「小序(63)」は絶対に無視してはいけません。朱子はその詩経に対する注釈で実に

多く小序を反駁していますが、これには従いません」

と言った。潘庭筠は、

「朱子が小序を捨てたのは、多く鄭樵（鄭漁仲(64)）にもとづくものです」

と言った。私は、

「弟《わたし》は小序について、前に言ったことを再び言うつもりもありませんし、朱子を擁護するつもりもありません。小序の言葉を見るかぎり、まったく根拠がありません」

と言った。陸飛は、

「老弟《わたし》は朱子が正しいと崇拝してはおりますが、小序を捨てたことについては、まったく理解できません」

と言った。潘庭筠は、

「たとえば白駒（『詩経』小雅の一篇）という詩など、そこにある「於焉嘉客」という嘉客を、朱子は「嘉客とは逍遥することである」と解釈していますが、果たして正しいでしょうか(65)。朱子の注にはこのようなものが大変多いのです」

と言った。私は、

「朱子の訓詁にはたしかに遺憾なところがありますが、全体としてよいものであることは否定できません」

と言った。陸飛は、

「これは非常に小さな問題ですが、これに類することは大変多い。小序について言えば、馬端臨が朱子を非難して余力を残しませんでした[66]。その言葉は実にうまく弁別しております。私の考えでは、小序が編纂されたのは古《いにし》えを去ることなお遠くない時でしたから、基づくところがあるように思います。古人は師弟伝授し、一脈がずっと繋がっております。高・魯・韓の三家[67]には各々基づくところがあり、実際それぞれ方向を違《たが》えて解釈を進めております。漢代当時は三家の詩学ともに学校で行われ、廃されませんでした。ここに古人が経典を尊ぶだけでなく、信ずべきことは信ずべきこととし、疑わしいことは疑わしいこととして伝えんとする[68]意図を見ることができます。ところが朱子は自分の考えで判断を下し、初めて小序を捨て去りました[69]。実際には他の所で小序に従っているのが非常に多いのですが、『詩経国風』の鄭風と衛風にある各詩を解釈したところだけでは、「鄭声は淫である」と『論語』で言われている一語[70]を根拠として、あれもこれも淫詩だとしております[71]。

『論語』では「鄭声は淫」と言っているだけであって、「鄭詩は淫」と言ってはいません。このことは昔の人がすでに弁別しております[72]。もし「詩が淫」であるとするなら、孔子が現在の三百余篇からなる『詩経』になるまで多くの詩を削ったのは、これでもって人々を教えんとされたのです。たとえて言えば、父兄や先生年長者が淫乱にならないようにと人々に教えんとするところを、逆に淫乱な人や淫乱なことを並べたて、「誰々はかくも淫乱である、淫なる者の言葉はかくも情があるのだ」と言うようなものです。これでは重々しい言葉になりません。子供や召使いのような者でもこれを笑うに違いありません。聖人なのにこんなことをなさるとは、まさか思わないでしょう。

　また淫詩だとすれば、「伯と叔」[73]や「君子」[74]と「狂童」（鄭風、褰裳《けんしょう》）「狂且」（鄭風、山有扶蘇）とが同列にあって区別されないだけでなく、[75]（淫乱である程度が鄭風に収められる）「既に君子を見る」（風雨[76]）等という言葉がかえって（健全な歌を収めるとされる召南の）「吉士之を誘う」（野有死麕[77]）に及ばなくなります。また「舒にして兊兊《たいたい》（脱脱《たいたい》）たれ」（召南、野有死麕）云々も、後世の詞や戯曲でいう悄悄冥冥（ひそやかに）、潜潜等等（しずしずと）というのと、どこが違うでしょうか[78]。文王の化を被ったものだとしておきながら、あっちで誉めてこっちでは貶《けな》すなどということが、あるでしょうか。これでは、はじめから彼の説は通じません。私は、朱子が注釈を加えた書物は極めて多く、門人の手になるものがあるかもしれませんので、小序があろうとなかろうと、これでもって朱子の軽重を決められないと考えてよいと思います」

と言った。潘庭筠は、

「朱子の詩注では「未詳である」としばしば言っております。また当該の詩に即して簡単に一字二字の虚字を付け加えただけで、注としております。もし絶対に朱子自らが付けた注であると主張するのなら、それは朱子を尊敬せんとして逆に朱子に迷惑をかけることになりましょう」と言った。また「「南有喬木」（周南、漢広）の注では「昔のように言い寄ることができなくなった」と解釈しております。お尋ねしますが、昔言い寄っていたとする点で（古注と）区別するところがあるでしょうか[79]」と言った。また、「朱子に間違ったところがないとすれば、詩注はおそらく門人の手になるものです」と言った。

厳誠は言う。

「私は十二、三歳の時、『詩経』を読んで葛覃《かったん》（周南）の詩に至り、朱子が「葛《くず》の葉が盛んに茂り、黄色い鳥が其《そ》の上で鳴いている」と注しているのを見て、思わず大笑いしました[80]。この詩は三句で一段をなし、萋萋（葉がふさふさ qiqi）と喈喈（鳥がちいちい jiji）とは韻を合わせますから、黄色の鳥は当然ながら灌木の上で鳴いているに違いなく、葛の葉とは何の関係もありません。これははなはだ細かな問題ですが、しかしまたここにも、朱子の手になったものではないことを見ることができます。これはこれまで誰も言及したことはありません。私だけが注のとおりではなかろうと思っているだけです。

また「八月剝棗、十月穫稲」（豳風《ひんぷう》、七月）の二句[81]では、朱子は棗を走（ソウ）の音であるとし、稲の音を韻を合わせるためにトウであると注しておりますが、棗《ソウ》と稲《トウ》が一韻で、酒《シュ》と寿《ジュ》（壽）とが（別の）一韻であることを知りません。もしも韻を合わせようとするなら、酒と寿の方だけ湫（シュウ）と壽（トウ）のように読んではいけないでしょうか。『詩経』で音の読みを間違っているのは、数えあげることができません。

詩注は朱子の門人の手になるものであるか、晩年未定の稿本であるに違いありません。絶対にそれは朱子のものだとし、手と足で頭と目とを護ろうとするように、どの言葉も問題にすべきところがないとするなら、これも間違いです。明より現在に至るまで、大儒はいつの時代にもおりましたが、みな漢の人は古代とまだ遠く隔たっていなかったと考え、みな小序を尊び、朱子一人が小序を不要としたことに同意しませんでした。鄭と衛に属する詩を一概に淫奔の詩であると見なしておりますが、鄭と衛の淫とはその音楽について言ったもので、詩についで言ったものではありません。このように白黒をつけるべき所は極めて多く、今すぐには思い出せません。ただ高明なあなたにおかれては、はっきりと察せられますように」

私は、

「この問題は口先で争うことができません。帰ってからそれぞれのお教えをじっくりと読ませてもらえませんか。もしかして私のつまらぬ考えが出てきたら、ご返事します」

と言った。みな、「結構です」と言った。

この時、酒は既に十数杯を重ねていた。金在行はみんなで唱和して詩を作ろうではないかと言い、誰々はどの韻字を使うべきことと命じた。私は、[82]

「私は詩ができませんし酒も飲めませんから、唱和する人の中には入れないでください」

と言った。

金在行が陸飛が酒を飲むのを見て、

「何とも酒豪ですね」

と言うと、陸飛は、

「ここで自分流の飲み方をしなければ、どこでできましょう」

と言った。この時、ほかの者はみな小さな杯で飲んでいたが、金在行にだけは大椀で飲むように勧めた。金在行は断ることなく、ひと口で飲み干した。陸飛が、

「ピッチが速すぎますよ」

と言ったので、私は、

「朝鮮での飲み方は、もともとこんな調子です。中国のように決まった慎重な飲み方はいたしません」

と言った。陸飛は、

「ひと口で飲み干すのは大変簡単ですが、そとへとび出して吐かずにいられるかどうか[83]」

と言い、また「こっちも一酒豪たらんと思うのですが、厳誠君と潘庭筠君とは知らんぷりです。憎らしい」

と言った。二人は大笑いして、大椀に酒をなみなみと注いで陸飛に勧めたところ、陸飛もひと口で飲み干し、

「どうです！」

と言った。私は、

「まるで金在行君と勝負しているようですね」と言うと、陸飛は「楽しみたいだけです。今日のような酒は、平生めったに飲めるもんじゃない」

と言った。金在行は、

「顧侯[84]がこの席にいて、楽しませてくれません」

と言った。厳誠が、

「何のことですか」

と聞くと、金在行は、

「三国時代の顧雍は厳粛な性格で、酒を飲みませんでした」

と言った。厳誠は笑って
「洪大容さんは時中《じちゅう》の聖と言うべきです[85]」

と言った。この時みんな酔っていたので、私も笑って、

「聖とはいただけません」

と言うと、陸飛は時中云々と言うところを指で示しながら、

「ほどよいところを越えています」と言い、「賢者とは聖人の世にあっては仲弓夫子冉雍《ぜんよう》のようなお方なのでしょうか(86)」

と言った。私も笑って答えなかった(87)。

金在行は厳誠に対して、

「あなたの酒の飲み方を見ていると、まるで『荘子』に見える「自分は蓬《よもぎ》のような低い草の茂みを駆け回ります(88)」、と言った小鳥の姿を連想させます。管仲の器のように小さな杯を使う必要はありますまい。ある人が管仲のことを倹約であると評価したのに対して、孔子は、管仲は礼を知らないと批判されました(89)」

と言った。厳誠は笑って、

「私には管仲なんてどうでもよろしい。その主君の斉の桓公が一気に酒を飲むのを見たいだけです」

と言った。これは斉の桓公の名が小白であることに因んで言ったのであろう(90)。陸飛は、

「私は孟子の言う、浩然の気を養うのが得意です。その器（気）たるや、天地の間に充満

しております」

と言った。(91)厳誠は、

「手っ取り早く出来上がりたいだけで、晩成などとは願い下げです」

と言った。これは大器晩成（『老子』）という言葉をもじったのである。金在行は、

「私は大でも小でも大丈夫、「君子は器ならず(92)」です」

と言った。陸飛は、

「気違いじみた言葉は削るまでもない。(93)この楽しさは死も忘れさせます。小さいか大きいかも問題なし。あなたが人を器とすることができる人物なら、(94)私はもう十分です」

と言った。金在行は、

「ですから私は「器ならず」ですのに、あなたが大きいか小さいかを問題にされるのです」

と言った。陸飛は、

「大きいか小さいかはともかく、「乱に及ばず」であればよいのです。聖人の学は「ただ酒は量なし、乱に及ばず」（『論語』郷党）の前半部分だけ、つまり「量なし」だけ必要なんで、後は必要ありません」

と言った。厳誠は、

「もう最高に楽しい」

と言った。金在行は、

「この楽しみを醒めているやつに伝えてやるものか(95)」

と言った。陸飛は、

「聖人は「ただ酒は量なし、乱に及ばず」だから聖人なんであって、努力してできっこありません。だからこそ聖人孔子のことを「天が許したもうた(96)」と言うのです」

と言った。金在行は、

「聖人の言葉がなくても私は本もと「乱に及びません」と言い、また「(鄭声のように淫ではない)正しい声《おんがく》は、何とぼんやりとしてわけのわからぬことか」

と言うと、厳誠は、

「邪《よこしま》な話なら今いくらでも(97)」

と言った。潘庭筠がこれを引き取り、

「酒の香りの何ともおいしいこと。厳誠さんの言葉はとくに出鱈目です」

と言った。

この時続いてまた焼酎（白酒）が出された。厳誠と潘庭筠は十数杯飲んだ後は飲まなかった。陸飛と金在行とだけが痛飲し続けた。陸飛はますます豪放となったが、金在行はすでに乱れていた。みんな服を脱ぎ足を放り出して坐り、周りをまったく気にしなかった。誰かが

何かを言うと満座が笑った。陸飛は、

「今日、こんな楽しい集いを持つことになるとは、考えもしなかった。昨日出した手紙が、まるで夢の中の言葉のようです。ここにして初めて、天下のことは予見できない、天に任せて動くならきっと思ったとおりになる、と信じます。いかがでしょうか」

と言った。私は、

「万事は運命で決まっており、浮き世はあくせくするのが定めです[98]」

と笑って言った。

この時、金在行は人事不省であった。私は「人を愛するに徳をもってする[99]」よう各人にお願いしたので、酒の道具は片付けられた。金在行は、

「最高に楽しい。最後にもう一度、さっぱりしたありがたいお言葉をいただいてから、この楽しみを終えてはいかがでしょうか」

と言った。潘庭筠は、

「「曲終わりて雅を奏す[100]」ですね」

と言った。

陸飛が言った。

「陸象山は「徳性を尊ぶ」に力点を置きましたが、私は逆に「問学に道《よ》る」の方を重んじ

ております。朱子の考えもそうです」

と言い、また、「朱子と陸象山の違いは「徳性を尊ぶ」と「問学に道《よ》る」の違いだとは、朱子にもとづきます。後人は大いに朱子を尊び、陸象山が偏っており間違っているとして攻撃しますが、当時、朱子と陸象山にはこのような党派的な見解がなかったに違いありません」

と言った。私は、

「陸象山の文集[101]はまだ読んだことがありませんので、その学が浅いのか深いのかわかりませんから、いい加減に論じません。ただし、朱子の学こそ中正にして無偏であって、真に孔子・孟子の正脈であると思っています。陸象山の学が本当にこの中正無偏である朱子の学と差異があるのであれば、後学が公平な立場でそれを排斥するのももっともです。ただ朱子の学を尊崇すると言う者の多くが問学に偏《かたよ》り、結局のところ訓詁《くんこ》というつまらぬ学に帰着してしまい、陸象山の学を尊崇する者の方がかえって心の内に精力を注ぎ、得るところが大きいのに及びません。これは最も畏《おそ》るべきことです」

と言った。陸飛は、

「私は学問のことがわからず、朱子と陸象山の学についても決して深く探究しておりません。ただ見るところ、後世に朱子を先達とする者と陸象山を先達とする者とが紛々と議論するのは、まったくもって血気のなせるわざです。陸象山の後継者は王陽明ですが、その現実の仕事(102)は赫然として輝き、無内容ではないにもかかわらず、人は必ず彼の考えを仏教の禅であると謗《そし》ります。禅であると非難されない者の方が逆に、顕著な功績がありません。外に現れた仕事の程度から、人間として中身がどこまで出来ていたのか検査するなら、王陽明が主張する良知(103)もまったくの間違いだとは言えません。あなたのお言葉を伺い、至って公平で心服いたしました」

と言った。私は、

「帰ってからこのことを考え、ご返事したく思います」

と言った。(104)

この時、金在行は帽子を脱いで帯をほどき、腕まくりして筆を揮《ふる》っていたが、言葉に脈絡がなかった。私は何度か帰ろうと促したが、逆に冗談をもって応じ、ほとんど取り合わなかった。陸飛は私が帰ろうと促しているのを知り、私に対して、

「あなたはあまりにも人情がわからない。なぜそんなに急ぐのですか」

と言った。その時、日はすでに暮れていた。私は、

「晩《おそ》くなりすぎました。私どもが問題を起こさないかと心配です。問答を止めにしましょう」

と言った。陸飛も笑って取り合わなかった。私は仕方なく、厳誠と潘庭筠と一緒にしばらく

椅子に坐り、陸飛の詩稿と絵画、それに談草を懐《ふところ》へ収めた。厳誠は、潘庭筠に贈る言葉をもう一枚書いてくれと言った箇所を指さしながら、

「これをお許しいただけますか」

と尋ねたので、私は笑って、

「これは筆のすさびです。あれこれ言うほどのこともないように思います」

と答えた。厳誠はまた懇願して止めなかった。潘庭筠が私に向かって何か言ったが、私は聴き取れなかった。そこで彼はテーブルの上に「盛徳の君子」[105]と書いた。私が、

「誰のことですか」

と尋ねると、潘庭筠は笑って私を指さした。私が、

「あなたは人を芝居の役者のように愚弄なさってよいのですか」

と言うと、潘庭筠は頭を振りながら、

「違います、違います[106]」

と言い、また「賢者」と書いた。私がまた頭を振ると潘庭筠はまた、

「そうだとすると、金在行さんは狂者で、あなたは狷者です[107]」

と書いた。私は笑って、

「もういいよ[108]」

と言うと、二人とも笑った。

私が金在行を抱えて外へ出ると、二人は陸飛とともに門まで送り、たがいに笑いながら冗談を言い合い、その歓声は雷のようであった。この時、旅館の内から観る者が非常に多く、誰もが大笑いしていた。私は金在行を抱えて車に乗り込み、帰った。(109)

二月二十四日

使いの者を送り、模様のついた便箋一束と墨五個、扇三本を陸飛に贈った。手紙には次のように言う。

大容再拝して、陸飛先生の下に奉ります。

私は十年前、占い師に遇ったことがあります。言うには、私の運勢は丙戌（一七六六＝乾隆三十一年）になると大いに亨《とお》り(1)、科挙に合格し出世街道を歩むに違いないとのことでした。私が、「自分は才能が劣り、勉強も不十分である。また自ら高くしすぎて生意気であるし、完全に世間を無視して没交渉である。世の習わしに従って上を向いたり下を向いたりするのに堪えられず、科挙に合格し出世の道を歩むのは自分の志ではない」と言うと、占い師は「運とは天の命です。運命を受けいれなければ、必ず奇禍として災難が逆にふりかかってきます。そうでなく大いなる快楽事があっても、これも受けいれるべきです」と言った。私は「そうですか」と言ったものの、まったく信じませんでした。

しかしながら朝貢使節に従って中国に入ることになって、占い師が言った「大いなる快楽事がある」ということが嘘《うそ》でないことに、はたと思い至りました。ところが鴨緑江を渡ってから西では、山川は荒々しく、風に舞いあがる沙塵は天に接するばかり、飲み屋でも飯《めし》屋でも人物は愚かでした。また数千里の間、馬に乗る苦労をし、目に触れる何もかもが辛く悲しく、心と胸は酔うがごとく詰《つま》るがごとくでしたから、期待した思いとは逆であり、占い師が言った「奇禍」とはこのことだったのか、と思ったのです。

厳誠さんと潘庭筠さんの二人に遭遇いたし、心肝を披瀝して心ゆくまで交際するに及ぶや、いわゆる「奇禍」がまた「快楽」に変わりましたので、異端の徒のつまらぬ占いも、まんざら捨てたものではないなと思いました。ところが昨日、お二人によってわが陸飛老兄を拝することを得ましたところ、心を開いてよく笑われ、徳があるうえ言葉があり(2)、明朗にして磊落《らいらく》なご気性は、酒を飲み交わし冗談を言い合う中に露《あらわ》れております。ここにおいて驚いて大悟しましたのは、占い師の意味するものは何とここにあったのか、ということでした。もしも私が占い師の言ったとおりに科挙に通って栄達の道を歩んでいたとしたなら、名利や官界の間に頭を浮き沈みさせることになり、これまた哀れな話ですから、大快楽事となすのに何で足りましょうか。ああ、昨日のことは、何と快で何と楽であったでしょう。いわゆる「奇禍」は、これによって禳《はら》いのけることができたのです。いわゆる科挙も、いわゆる栄達の道も、これから後は、干上がって口をぱくぱくさせる魚が広々とした江湖に放たれたように、(3)すべて忘れ去ることができるのです。

とはいえ帰国の途につくのは間もなくのことで、別離の苦しみが十分に心を腐らせ腸《はらわた》をひきちぎるのですから、これを「奇禍」と言っても、まんざら違っておりません。どうお考えでしょうか、どうお考えでしょうか。

以上により、お願いが一つあります。先日、厳誠さんと潘庭筠さんの二人に文と詩を書いていただき、わが荒《あば》ら家に飾ろうと思っており、下等国のつまらぬ者にとってはこのうえない栄幸であります。ただ私がやった渾天儀の製作には、随分と心力を費やしましたので、できれば巨匠の一言をいただき、これに箔を付けたく思います。いま幸いにわが老兄に偶然お会いし、世に巨匠と言うべきお方は老兄をおいて誰がおりましょうか。また私のわがまま勝手を聞き入れていただき、私のことを弟と呼ぶ付き合いをお許しくださったのですから、一筆を揮《ふる》う労を惜しんでわが望みを断ったりなさらないか、と思います。謹んで渾天儀の製作について記した書き付けを上呈いたします。これは朝鮮におりました時に書きあげたもので、その中にはまったくわからないところが多々あろうとは存じますが、忙しさのためにチェックしたり改めたりしておりません。ご了承ください。家屋の作りについては、先日お二人に大よそのところを書いて送りましたので、これをご覧いただけたら幸いです。不備。

ここで述べた「籠水閣渾天儀記事」には、次のように言う。

己卯の年（一七五九、乾隆二十四、英祖三十五年）の秋、羅州（錦城）をたって光州（瑞石）(4)に遊んだ時、羅景績(5)を同福県の勿染亭(6)に訪問した。

羅景績は南国の奇士である。世間から隠れて古《いにし》えを好み、年はすでに七十余歳である。彼が自分で作った時計を見たところ、それはヨーロッパの製作方法によって作られたものとはいえ、作りは精緻であり、自然の力が作る巧みさを凌がんばかりであった。私は奇才にして奇智の持ち主だと考え、彼としばしの間語り合った。彼は龍尾（昇水機）、恒升（自動ポンプ）、水庫（貯水装置）、水磨（水車）などの類(7)で研究しないものはなく、すべて巧妙であったが、最後に天文の機器である渾天儀の仕組みについて次のように語った。

渾天儀については朱子とその門人たちがかつて論じた製造方法が遺ってはいるが(8)、明晰に語られていないから、その意味をはっきりさせることができず、後人はこれをもとに考証できない。そこでわからない所はわからないままにして、その欠けた部分を補うこととし、ヨーロッパの学問をも参考にして、仰いでは天を観《み》、俯しては考えることほぼ数年、おおよそ製作方法を見出すに至った。家が貧しくて力なく、製作にとりかかる費用を調達できずにその志を達成できなかった。

渾天儀の仕組みについては、私も考えたことがあるが、その要領をまだつかめないでいた。李《り》滉《こう》（李退渓）の作ったというもの[9]や、宋時烈（尤庵《ゆうあん》）が考えたという仕組み[10]は、ともに壊れているか簡単すぎ、参考とするには不十分であった。ここにおいて羅景績に才能があるのを喜び、その才能をうまく用いて古えの聖人がとらえた天地の形象を現代に復元させようとした。そこで翌年の夏のはじめ、羅景績を羅州城内にある役所まで招聘し[11]、大いに財力を用いたばかりか工作が巧みな者をも招き、二年かかってほぼ完成させた。ただその目盛りはかなり間違っており、機器には不必要でつまらぬ所も多かったので、自分の判断で余分な部分を取り除いて簡略化し、努めて天象に合わせるようにした。また時計の仕組みを取り入れてあれこれ改良を加え、歯車の仕組みでこれを渾天儀に伝え、日夜天の運行に従って回転し、それぞれ正しい目盛りに合うようにした。また一年たって完了した。羅景績の門人で安処仁という名の者は、考え方の精密さと手先の器用さにおいて羅景績から多くを習得していた。今回の作業においては、設計や目盛りはほぼすべて羅景績のアイディアによったが、製作の見事さは、多く安処仁の手によって成し遂げられたものである。

渾天儀の仕組みは内外二層からなっている。外層のものは錬鉄で三つの環がつながるように作られており、宇宙のあり様を象《かたど》っている。三つの環のうち、水平にしつらえられたものは地平の目盛りである。周囲に二十四節季(12)と、夏至、冬至、春分、秋分における太陽の運行軌道の長さとを記してある。その下は十字形の台座で支えている。内層のものも三つの環からなっており、太陽、月、星のあり様を象っている。南北方向に軸で三つの環を貫通させ、この軸と九十度真横に一つの輪を作り、これには一周する天を二十八宿(13)で分けた目盛りが記してあり、これを赤道と呼ぶ。これと別に一つの環を設け、歯車として三六五の刻み目を入れて渾天儀の内へ斜めに置く。これが黄道である。その上に太陽の模型を取り付け、自動的に一日で一つの刻み目を進むようにし、右に三六五日回って天を一周する。また一つの環を設け、歯車として一一四の刻み目を入れ、黄道の内側へこれを置き、その上に月の模型を取り付け、やはり自動的に一日に四つの刻み目を進むようにし、右回りで二八日強かけて天を一周する。これにより、星が夜に南中する時、その日の昼の長さ、月の満ち欠けを割り出すことができる。真ん中に平らな鉄板を置き、山や川を描いた世界図を刻み、これで大地が真ん中にあることを象っている。

内層の機器の外に北極を真ん中にして一つの環を取り付け、歯車として三五九の刻み目を付けてある。これとは別に自動回転装置（ギア、伝動歯車とシャフト）を機器の北に取り付け、小さな長い軸（シャフト）でつなぎ、一五の小さな歯車のあるギアをシャフトの端に取り付け、北極の環に納められてつながり、これを回転させる。太陽、月そして星が運行する妙はすべてこの仕掛けにある。

大地を表す鉄板の外に一つの環を置き、それに刻み目を入れて時刻を表し、太陽の位置に随ってその時刻を知ることができる。自動回転装置の上には時を告げる時計がある。

内層の渾天儀の上にはもともと糸のような銅線で網を作り、その上に珠をひっかけて星座を象ろうとし、こうすれば太陽、月、星の三つすべてが備わることになると考えたのだが、あまりに煩雑となるため、とりあえずこれを取り付けなかった。代わりに二層構造の点ではもとのものと同じである一機器を作った。紙を糊で引っ付けて中空にしたボールを作り、真ん中で二等分して内層の渾天儀を内に入れて縫い合わせ、鳥の卵の黄身と殻のような形に作り、殻の上に全天の星座、黄道、赤道と太陽、月の軌道とを描いた。北極に設けた環や自動で回転する仕掛け、十字形の支える機器はすべてもとの渾天儀と同じである。こちらの仕掛けには、太陽と月との模型はないが、星座の位置する度数は燦然と把握でき、この点ではもともとの渾天儀は及ばない。

渾天儀が完成すると、これを湖庄(14)まで運んで安置したのだが、部屋が狭くて粗末であり、また不釣り合いな所に置いて穢《けが》すことになってはいけないと思い、家屋の南に新しく四角の沼を掘り、水を引いてこれを満たし、沼の中に丸い島を築き、その上に小さな閣《たかどの》を建て、二つの渾天儀と新しく手に入れた西洋時計とを一緒に収納した。杜甫の「太陽と月とは鳥籠の中の鳥のようなもので、天地は水の上の浮き草である」[15]との句から取って、この閣を籠水閣と名づけた。沼には蓮が植わり魚が泳ぐようにし、水辺には松や菊その他の植物を植えた。家屋の方は茅《ちがや》で屋根を葺いて竹で垣を作り、飄然として沼の北にあり、すこぶる幽玄なたたずまいであって観賞するに足る、と以上のようである。

厳誠と潘庭筠に宛てた手紙には、次のように言う。

　昨日は酒に酔い、また徳を十分にいただき[16]、酔ってのびやかで楽しく、また心満たされた思いで帰ってまいりました。満足して何か得るところがあったかのようです。ああ、世間の習わしを振り捨て、疑わしく訝《いぶか》しむ目を打ち破り、お二人と手を携え、年老いた松が生え水が流れるところを杖《つえ》つきながら気ままに歩きたいのですが、どうしてできましょう。

　先日お送りしました未記入の帖冊に、陸飛さんの揮毫を間《まじ》えていただければ最高です。ただこのようにあれこれお願いすれば、何とかやり遂げねばと苦労をかけるに違いなく、身のすくむ思いです。これではつまるところ、私は「十分に気を遣う（細心）ことができない（本書、一二三頁）」ということで、世間並みの人情しか持ち合わせないということです。生まれながらの気質を変化させがたいとは[17]、こんなものですよ。不宣。

使いの者が帰った。陸飛の返事には次のようにあった。

陸飛が頓首し、湛軒老弟先生の足下《あしもと》に奉ります。

私め陸飛は、うらぶれて不遇です。人と比べて百に一つの能力もないのではと思います し、すでに久しく有名にならんとする志をなくしております。

昨年六月、はじめて先生や年長の方々に促されたり友人たちに引っぱり出されたために、何の考えもなしに科挙を受けたところ、図らずも運よく合格しました。今回北京へ来ましたのも、通例どおり中央へ送られる文書にくっついてやって来ただけのこと、今回もまったく他に望むところはありません。何の幸いにてか、お二人に偶然お遇いし傾倒いたしましたのは、平生かつてない奇であります。これは昨年の秋に意外にも合格したことが、すべて今日浮き草が水面で偶然出くわすような因縁となったのです。天が私ども数千里を隔てた者のために、連絡をとり付け集合させ、あまた遣り繰りをしてくれたからで、天は我々に何と手厚い心配りをしてくれるのでしょう。たとえ別れたのちは互いを偲《しの》びながらも会えず、鼻に辛さがしみて涙がわき出し、腸《はらわた》は裂けんばかりとなっても、これみなこの生で得がたいことです。ほかの人が一生かけて、あれこれそうあれかしと望んでも、これは容易なことではありません。この陸飛が今後遭遇するかもしれぬ奇禍が完全にこのようなものであるなら、甘んじて私は受けいれます。呪《まじな》いがあったとしても、祈禱してその奇禍を払い除けてほしいとは思いません。いかがお考えでしょうか。

八景についてはすでに、厳誠さんからおおよそのところを見せてもらうことができました。渾天儀(18)のこと、この陸飛は井戸の中で坐っているようで、仰ぎ窺《うかが》うには不十分ですが、すでに委託を受けた以上、力を尽くしてやりたく思います。詩の形とするか文の形とするかは、厳誠さん、潘庭筠さんと相談して対応したく思います。ただ学問が浅薄で、最高かつ最大の製作を輝かすに足る能力はありません。無知で粗野なやつだとお叱《しか》りにならないでください。

多くの品々をお贈りいただいたこと、感謝いたします。先日書いた手紙を同封して送らせていただきます。ご査収ください。取りとめのない思いは、続いて二十六日に吐き出そうと思います。不尽。

潘庭筠の返事は次のようであった。

先日宿舎へお帰りの後は、お変わりないことと存じます。このたびお手紙いただき、渾天儀の仕組みを読みましたところ、まさしく心にすべての星座を網羅しておられると言うべきものと思いました。おっしゃるところの羅景績もこれまた奇人であります。その人は詩ができるのでしょうか。もし作った詩があれば、一首二首をお示しいただき、書き込むのに備えたく思いますが、いかがでしょうか。

二十六日という約束の日はもうすぐですから、お目にかかりたい思いはやや慰められます。

二月二十五日

使いの者を送った。陸飛に与えた手紙には次のように言う。

昨日、ご返信をいただき奉読いたし、この上ないご厚誼を承りました。ただ私めは非才にして、いよいよ心のすくむばかりです。

五幅の絵を描き終わったのは、夜三鼓（十一時頃）のことであったとか。あなたがいかに高い才能と熟練した技術をお持ちで余力が十分にあるとはいえ、旅で数千里揺られ揺られてお疲れのところ、嫌になるのも忘れてここまでしてくださるとは。心ひそかに思いますに、あなたが人を慈しみ誠実にして思いやりの深いこと、これを昔の人に求めても、匹敵する者は稀でしょう。残念ながら私のように愚かな者は、あなたのお気持ちに当たりえません。

（二十三日のお手紙にある）「相見（顔を合わせる）」「相思（会いたいと思う）」という言葉

に至っては、抑揚反復されて言葉はいよいよ深く、心はいよいよ切なるものがあります。あなたのような豪快で何事につけ程よく通じておられる方からすれば、何も世情のつまらぬことで気にとめるほどのことではありますまいに、このことにだけ纏綿してまといつき、振り払うことができないのは、一体なぜなのでしょうか。まことにこれについて人に解答を求めても、出てきません。ああ、人に普通ではない恩義をいただいた者は、普通ではないお返し[1]をもって答えるべきです。ただ、私のように無知な者が、一体何をもってお返しすることができるのでしょうか。ただ心の中にしまっておき、お訓《おし》えを拳々服膺しますれば、大悪人とか心のねじけた者にならずにすみ、あなたの人を見る目の正しさを辱《はずかし》めることにならないでしょう。

ご返信の初めの部分でおっしゃっていること、いよいよもってあなたの心の安らぎがここにあり、楽しみがあちらにないことがわかります。こうでなければ、私めは外国の野蛮なものとはいえ、また何であなたを慕ってお仕えし、私と交わってくださることを光栄に思い、驥尾《きび》に付することを幸いだと考えましょうか。

文章を書いてくださいとのお願い、幸いにもまげて承諾くださいましたこと、感謝にたえません。すべて明日、申し述べたく思います。不宣。

潘庭筠と厳誠に与えた手紙には、次のように言う。

羅景績は本当に奇士です。志や理想が明らかかつ朗らかで、巧みな才能や考えがあるというだけではありません。ただ彼の詩文はと言えば、一つとして記憶しておらず、広く世間に伝えられていないのは残念です。一緒に渾天儀を作っていた時には、すでに七十余歳でした。渾天儀が完成すると、すぐに病死いたしました。「渾天儀が祟りをなしたのだ」と言う者がおりましたが、ここに優れた技術者の辛さを見ることができます。

明日お話しいたすべく、すべてお含みおきください。

使いの者が帰ってきた。陸飛の手紙には次のようにあった。

手書きのお教えを辱《かたじけな》くし、あれこれすべて承りました。お手紙末尾の数語は、骨にしみます。これを心の中の版木に鐫《きざ》みつけたく存じます。老弟《あなた》が私を愛してくださるあり方は、至れり尽くせりです。天涯に知己たること、これに過ぎることはなく、感激の至りであります。

先日諸先生よりいただきました立派なプレゼント、お返しすれば生意気になりますので謹んで受けとらせていただきます。今しがたまで他のところへ出かけておりましたので、使いのお方を長時間待たせることになり、申し訳なく思います。縷々申すゆとりがありませんので、各先生には私に代わってよろしく感謝の気持ちをお伝えください。明日には謹んで返信いたし感謝を申す所存です。

依頼された「渾天儀記」、すでに書き始めましたが、羅景績さんのことにも触れて、いささか景仰し思慕する思いを表したく思います。

草卒の間の返信です。不備。

二月二十六日

金在行と朝食をとり、宿舎の門が開くのを待って出かけた。到着すると、陸飛と厳誠が出迎えてくれたが、二人とも笑顔がこぼれんばかりであった。

中に入って座についた。私が、

「潘庭筠さんはどうしていらっしゃらないのですか」

と尋ねると、厳誠は、

「彼は夜、他のところで泊まって、まだ帰りません」

と言った。私が、

「私どもは三月一日に出発しますので、また来られるかどうかわかりません。今日はおそらく永久《とわ》の別れになると思います。潘さんが早くお帰りになれないなら、何とも残念なことです」

と言うと、厳誠は「永久の別れ云々」というところを指さして、

「この言葉は見るにたえません」

と言い、また、

「潘さんは、もともと昨日中には必ず帰ってくると言っておりましたが、夕方になって急に手紙が来て、「明日まで待ってください」とのことでした。今日お二人が必ずお越しになることを彼は知っていますから、早く帰らないはずは絶対にないと思いますが、今になっても帰って来ないとは、本当に訝《いぶか》しく奇妙です」

と言った。また、

「あなたからいただいた手紙は心に纏わり付き、何か言葉にしようとしても言葉にならず哀れで、味わい深いこと極まりありませんが、私どもはつまらぬこの世のつきあいで忙しい時にあたり、ご返事の手紙は多くの場合長文にわたれませんでした。あなたの下僕が目の前で待っておりますので、草卒に書き付けたまでのこと、ゆっくりと時間をかけて平生の思いを尽くすことができませんでした。いま永久の別れにあたり、一文を書いて送りたく思いますが、いかがでしょうか」

と言った。私は、「大いにありがたいです」と言った。

陸飛が「籠水閣記」草稿を見せてくれたが、少し相談すべき文句があった。私は、

「この機器は水仕掛けではありませんのに、文章では水について言っています。実際とは違っているようですが、もともとの方式が水仕掛けなのですから、こう言っておいても、問題ないようにも思います」

と言った。陸飛が、

「では、どうやって動くのですか」

と訊いたので、私は、

「「籠水閣渾天儀記事」の中で簡単に言及しておきましたが、これは自鳴鐘（時計）の歯車がかみ合って連動する方式であり、水仕掛けに比べて非常に簡単で要領を得ています(1)」

と言った。そこで陸飛はその下に数十字を書き足して、「水を必要とせずにこれを動かし、巧妙にも天道と合致している。どちらの主張が……」とおおよそ書いた。私は、

「「籠水閣記」の本来のあり方から言うと、水で動くのではないという事実と機器のメカニズムを詳細に述べるべきですのに、今この文章ではほとんどこれらを省いています。また水を天道にたとえておきながら、もっぱら水仕掛けについて言うというわけでもありません。この文章で終わるのは、唐突のように見えます。また水について言う一段は、急に生気を失

っていますから、これを入れ込む必要はありません」

と言った。陸飛はまた水について言った一段をすっかり取り去り、「歯車云々」として文を終え、

「水仕掛けではない以上は、結局、実態と異なるのを免れません」

と言った。私は、

「こうしたことは、文体としてそうあるべきことかもしれません。また水について言っている一段は、文章の気力がはなはだ健《さかん》で、これを捨てるのは惜しまれます」

と言った。陸飛はうなずいた。

私は厳誠に対して、

「お願いがありますが、よろしいでしょうか。私があなたを敬仰すること痛切ではありますが、少しも賞讃したり感歎したりする言葉は言っておりません。これは友としてあるべき道を実践しようと思うからです。ところがあなたは私に対して、しばしば不適切な言葉を加えられます。たとえば「時中」とか「純粋」とかの字[2]は、どんなお題目なのでしょう。突然こんなふうに私を言うのは、あなたが私を友として扱われず、私を目の前にいる慰みものの遊び相手と見ておられるからです。こんなことをあなたに望みましょうか。また「『離騒』体の文章は屈原や宋玉[3]に劣らない」とおっしゃいますが、君子は本来言動に慎むべきであ

って、(4)このようにいい加減ではいけないでしょう。いかがでしょうか」

と言った。厳誠はこれに答えて、

「私の眼と心の中では、あなたにはわずかの欠点もなく、一つ一つの事がすべてぴったりしていると感じ取っておりますため、気づかずに「時中」という二字を用いて賛嘆したまでです。この二字が不適当でしょうか。古来、孔子のことを「時中」だなどと言ってきたのは不適切です。実のところ「時中」にも大小の区別があるのです。今の場合、あなたは一つ一つにおいて過不及がないのですから、これを「時中」と称して何の問題があるでしょうか。屈原や宋玉云々と申しましたのも、実際に本心から発した言葉です。言動を慎むべきであるとのお教え、謹んで承ります」

と言い、さらにまた、

「しみついた習気をまだ除去できないでいる、というまでのことです。今、ご命令をお聞きしました」

とも言った。私は、

「穏やかで柔和な顔つきで(5)応対せよ、と『詩経』にはありますが、このやり方で人を論ずべきではありません。もしあなたが私を慰みものの遊び相手と見ておられるのでなければ、人に溺れて好むところに阿《おもね》っておられるのです。(6)また知り「過ぎた」のも、知り「足りな

い」のも、ともに「知己」ではありません(7)。「人の長所を見たなら、ただ心の中に蔵《しま》ってお
くだけにせよ(8)」という言葉があります。面と向かって賛嘆するのは、二人しておべっかを使
い合うまでになり下がることだと思いますが、どうでしょうか」
と言った。厳誠は、
「金在行さんが酒を飲むことをあなたが許されたのは、厳しからずまた随わず(9)、であると
言えます。あなたの身の処し方は、ちょうど自分一人は千仞の絶壁のようにすっくと立ちな
がら、しかも他の人もこうであれと無理強いしないようなものです。私はこれをあれこれ考
えてみましたが、まことに愛すべく敬うべきことです。もし私の言葉が心から出たものでな
く、おべっかであるとしたなら、それは人間ではありません。「心の中に蔵っておくだけに
せよ」、などと言いますが、私のような浅薄な人間にとっては、いわゆる「口先だけで誉め
るのではなく、心からこれを好む(10)」というものです。今後は言い過ぎることは断じていたし
ません」と言い、また、「あなたはどんなことについても、すべてほどよい程度をお持ちで
す。気づかずに、私はまた面と向かっておべっかを言ってしまいました」
とも言った。私は、
「金在行さんが酒を飲むのを引き止めなかったのは、「人を愛するに徳を以てす(11)」ではなか
ったと、私は本当に恥ずかしく思います。あなたがそのようにおっしゃるのは、人の困難な

情況を見て自分も同じく気遣う(12)、というものではないでしょう」

と言った。

私は厳誠に、

「潘庭筠さんの人柄は大変に好ましいものですが、ただ見たところ、長生きを心がけずにはなはだ好色です。あなたは様々なことに即して引きあげ拾いあげてやり、放蕩にまで至らぬようにさせるべきです」

と言った。厳誠は、

「まことにごもっともです。また身の振る舞いが軽率で、心配です」

と言い、また、「先日、あなたからいただいた長いお手紙は、思いが淋《したた》らんばかりでしたが、残念ながら潘さんが持っており、見たい時にすぐ捧読できません。こんなすばらしい方にお目にかかりながら、長く一緒にいられないとは、何と悲しいことでしょう」

と言った。

しばらくして、潘庭筠がやっと帰ってきた(13)。陸飛は金在行に向かって、

「先日、酒に酔っていかがでしたか」

と尋ねた。金在行は、

「我知らず楽しくなり、大いに酔っぱらって帰ったのですが、お偉方に怒られました。今

また酒を飲んだら、禁酒令を無視したかどで、永遠に罪人となります。今日はどうか一杯の酒でもお勧めになりませんように」

と言った。厳誠は、

「飲まぬわけにはいきませんが、私どもは限度をすでに決めていますから、決して多くは勧めません。お酔いになってもかまいません。管仲の器の方を使うだけにさせてください」

と言った。

金在行が、

「国子監助教の張元観先生をご存じですか」

と尋ねたが、みな知らないと答えた(14)。金在行は、

「彼も浙江省の温州の人です」

と言った。厳誠は、

「知らないのも当然です。我が省は十一府、つまり杭州、嘉興、湖州、寧波、紹興、金華、衢州、厳州、温州、台州、処州の各府からなり、杭州、嘉興、湖州のことを下三府と呼んでおります。この地には優れた民が多うございます。寧波、紹興等は上八府と申し、その地には山が多く、風気はのろまで愚かです。今では、寧波、紹興も人物が多くなりはしましたが、その他の六府は人物少なく、これを上六府と呼んでおります」

と言った。潘庭筠は、

「杭州でさえ人物はおりませんから、その他の地方など問題にもなりません」

と言い、筆を放り投げて冷笑して行ってしまった。

潘庭筠が言うには、

「昨日、北城[15]にて清朝衣冠の制度を耳にしましたので話しましょう[16]。太宗文皇帝（ホンタイジ）の時、達海《ダハイ》・庫爾纏《クルツァン》[17]という儒臣が衣服を漢人の制度に従ってはどうかと上奏して求めましたが、太宗皇帝は次のように訓諭されたといいます。すなわち「朕は臣下の諫《いさ》めを聴き入れぬわけではない。喩えて話をしよう。もし漢人の風習に倣《なら》って、大袖の付いたゆっくりした衣服を着たなら、人に肉を切り割いてもらうのを待って食おうというのか。もし勇敢な兵士にばったり遇ったら、どうやって我が身を衛ろうというのか。人は満州人のことを、立てば少しも身動きせず、戦場に臨めば後ろを振り返らないと称し、天下無敵であると言う。もしも漢人の風習に倣えば、何事につけ怠けて騎射を忘れ、淳朴なところが少なくなり、節度を失ってしまう。子孫はこのことについて、心を引きしめて考えねばならない[18]」、と。以上のような次第で、我が清朝の皇帝は代々あい伝え、漢人の衣服に倣わないのです。達海とは神人であると言われ、満州文字を制作した人物であり、年二十一歳で早死にしました」

ということであった[19]。

金在行が、

「今まさに永久の別れとなるのですから、我々四人は詩なしではすまされませんが、洪大容さんが今日来たのは一日中話をしたいからです。では話をしましょうか。話の合間に詩を作りましょうか」

と言った。厳誠が、

「話をするのと詩を作るのとは、一緒にやって問題ありません。詩を作りながら、話もしましょう」

と言うと、陸飛が、

「出来る者は両方やって問題ないし、出来ない者は詩を作れば話はしないし、話をすれば詩は作らない」

と言った。金在行が厳誠に向かって、

「先に詩の題を出してください」

と言うと、厳誠は、

「城南寓廬話別（城南の旅館で話をし、別れる）の六字で韻を分けて詩を作ってはどうでしょうか」

と言った。金在行は、

「洪大容さんは見識が高邁ですから、詩をお作りにならない。これは憎むべきことです。罰を加えてはどうでしょうか」

と言った。厳誠は、

「どんな罰を加えるのですか」

と言う。私は笑って、

「東海（朝鮮）のほとりに島流ししてください」

と言った。みんな大いに笑った。厳誠が金在行に対して、

「先に詩をお作りいただき、それに従い我々が韻を踏んでいったらどうでしょうか」

と言った。金在行は、

「あなたが私をとことんの馬鹿だとされるのは、どういう訳ですか」

と言った。厳誠は、

「では、どうやって韻を踏んでゆきますか」

と言う。金在行は、

「先日のように、四人がそれぞれ一韻を出してはどうでしょうか」

と言った。厳誠が、

「一字をお書きください」

と言ったので、金在行は「行」字を書き、陸飛は「城」字を書いた。厳誠は「声」字を書き、

「五言律詩ですか」

と言った。金在行は、

「洪大容さんが加わるのなら、七言律詩とすることができますが、洪大容さんの気持ちが今のところわかりません」

と言った。私は、

「人には長所と短所があります。私に経典のことを語り学問のことを論じさせてくださるのであれば、多少の長はあるかもしれませんので、終日おつき合いできます。詩は本当に駄目なんです。ただあなた方も、人の短所を無理強いする必要もないでしょう」と言い、また、

「酒も飲まず詩も作らないこと、私が平生より恨みとするところですが、今日は最も恨めしく思います。天下に詩と酒がないのなら、それまでのこと、詩と酒がある以上、今日の集まりで今日の酒を飲まず、今日の詩を作らないとは、何たる間抜けなのでしょう」

と言うと、みんなが笑った。また、

「詩は人間のやることの中で、欠くことのできないものです。宋の程伊川（程頤）が詩を作らなかったのは、おそらくはあまりに気にしすぎたからです。朱子が万物を何でも豊かに受け入れた[20]のには及びません。程伊川のような徳もなく、しかもこれをやろうとしてできな

い私などは、どうしようもないでしょう」

と言った。潘庭筠は、

「あなたが詩を作らないなら、あれこれおっしゃる必要はありません」

と言った。

私は、

「先日、『詩経』小序についてあれこれ教えを受けましたが、おおよそお答えできるようになっています。ただ詩を作れときつく命じられている時に、これを言うのはおそらく野暮というものでしょう。どうでしょうか」

と言った。みんなは笑った。潘庭筠は、

「小序も詩に関わることです」

と言ったので、私は、

「文字でどう表現したらよいのか、私は勉強しておりません。答えがあまりにちぐはぐなものになっていますし、言葉を使うに際してミスを大いに犯しております。しかしまた、どういうことかとあれこれ考えるなら、こうならざるを得ません」

と言った。陸飛は、

「白黒をつけようとする者は、必ずはっきりさせることが求められます」

と言った。私は書き付けを取り出して示した。陸飛はほかの者と一緒に次のように読んだ。

　王陽明は、何世代に一人しか出ない独創的なことをやってのけた人物である[21]。私は昔その書を読んで感服し、もしも彼が生き返ったなら、必ず彼の馬車を走らせる御者[22]にならんものと考えた。その良知の学も、この上なく高くこの上なく深く[23]、みごとに身をもって悟ったもので、後世における弁の立つ者が真似のできるものではない。また王陽明は「問学に道《よ》る[24]」という修業をしないことがあっただろうか。道を求めながら「問学に道ら」ないというのは、一字も知らない者が静座し心をコントロールして、聖人となることができ賢者となることができる、ということである。そんな道理があろうか。王陽明の学が「徳性を尊ぶ」の一点張りだとして非難するのは、これまた動機や情況を勘案して罪を決定する[25]、という正しい裁き方ではない。ただ王陽明の場合、その発言があまりに高踏的であり、道を得るための修業があまりに簡単で、自分一人で悟って一人で喜んでおり、捕まえどころのない日光を玩ぶようなものである[26]。空中の楼閣のようにぼんやりして捕らえどころがなく、遠くから眺めることはできるが、手に取ることはできないし、それを面白いと思っても学ぶことができない。陽明学末流の弊害として、必ず近道して手っ取り早く道に到達しようとし、無理を押してやみくもに進むので[27]、みんな一緒に仏教徒に転落して[28]も気が付かないことになる。彼が立てた功績の輝かしさも、身をもってした悟りの余波にほかならないが、しかしながら、これは彼の功績とするほどのことではない。王陽明は常日頃、門人たちと話していて、話が皇族宸濠《しんごう》の反乱を鎮圧したこと(29)に及ぶことはなかった。これが何を意味しているのか、明らかである。今もし、これをもって王陽明を尊んだとすれば、王陽明が知ったら自分のことがわかっていないとおそらくは言うであろう。

また思うに、人は必ず王陽明の学を仏教の禅であると謗《そし》るし、禅だと言わない者は、はっきりした功績は何もないと言う。これについては、陽明以後に自分は朱子学をやっているという者の中には、我が身をもって悟りを得て、あらゆる現実の事物の道理に通じ得た(30)という点で、陽明に対抗できる者はおそらくいないであろう。王陽明にはっきりした功績は何もない、と言うのであれば、それはそれでよい。もし功績があったかなかったかという点で言えば(31)、後世の儒者の多くは逆境にあって人のことはかまわず、自分一人が善くなろうとするのだから、才能があったとしても、さてどこでそれを使おうというのか。また義理というものは、天下どこでもそうだと認められるものであり(32)、誰でもこれを言うことができる。ただ、それぞれ言われる義理が正しいかどうかを問題にすればよいだけで、言ったその人がどの程度の人間なのかは、必ずしも論ずる必要はない。孔子の学党では、五尺（一メートルほど）の子供でも春秋の五覇について言うのを恥とした(33)、と言われるが、その五尺の子供たちは、その才能と徳において全部が五覇ほどもあったであろうか。

『詩経』の注は朱子によって作られたものではない、とおっしゃる点については、一つ一つの詩の解釈が正しいかどうかは、ひとまず論じない。『詩集伝』に見える文章は、言葉として道理が明白であり、雄渾にして融合している様は、ちょうど古代の禹が治水事業を行った時のようで、誰もやったことがないことをやったのだ。朱子以後に、これをなしえた者がいることを私は知らない。また先生の名をこっそり盗んで自分の著作を売らんとするのは、こそ泥よりたちが悪い。朱子学派の末流は、大義から乖離してしまっているとはいえ、こそ泥のように汚いことをするほどにはなっていない。また朱子こそ今の世の大儒である。彼が書いた経書の集注は、門人たちがみな知っているだけではなく、天下の読書する者のどの家でもこれを伝え、代々守ってきたものなのだから、どこから来たか明々白々である。たとえ邪悪な輩《はい》が、でたらめに朱子の名に託して世を欺こうとしても、そんなことができるだろうか。そんなことはありえない。もしも『詩経』の注が誤りであるというなら、これを朱子の解釈間違いであると率直に見なせば、何とも公明正大で正直なことではないか。それをあの手この手で隠しだてをし、一時しのぎをし、上辺《うわべ》で朱子を助けておきながら陰で引き下ろすのだから、何よりまず自分の心根を駄目にするではないか。

馬端臨の書はまだ見ていないので、今は言わない。しかしながら朱子が小序を捨て去ったことをもって、経典を尊んでいないと言うのであれば、古注すべてについて捨て去ったと言うべきであって、何も小序に限ったことではなかろう。また朱子は旧説は間違っていると考え自分で一説をなし、当世に教え後人に伝えようと思っただけである。つまりその旧説についてもこれを焼いたり破棄したりはせず、自分の説を世間に売り込んで流行《はや》らせようなどとはされなかった。とすれば、「信ずべきは伝え、疑わしきも伝える」という『春秋』の書き方に、(34)朱子はどこで違反していると言うのか。

小序は古《いにし》えを去ることいまだ遠からぬものだから、根拠となるものがありそうだということ、自分もはじめはそう考えていた。しかし、小序を得てこれを読むに及び、それがこじつけしたり穿《うが》った見方をしたりと、まったく意味がないことを知った。その後やっと、朱子が『詩経』解釈に果たした功績は最大である、と考えるに至った。このように評価が違うのは、互いにみな先入観があるからで、おのれを捨てて人に従おうと思ったところで、立ち話の間にそれができるはずがない。

「鄭声は淫だ」と孔子は言われたが、「鄭詩は淫である」とは言われてはいない、と昔の人が区別したとのこと、これも私は読んだことがない。ただ、その風俗が淫であるならその歌声は淫であり、その歌声が淫であればその詩もまた淫である。これは必然の理である。ましてや昔のいわゆる詩とは、すべて歌謡曲であったではないか。昔の人々が管絃の合奏に合わせて歌うのだから、歌声と詩とが分かれて別々のものだという考えには、やはり納得しかねる。

孔子はもとあった多数の詩を刪《けず》って『詩経』を編纂されたのだから(35)、詩経の中に淫らなものがあるはずはない、とおっしゃる。これについて言えば、孔子は悪を懲らして戒め、善を感じさせて発奮させるため詩経を残されたのだ、というのが朱子の説であるから、これを引用して自分の説だとするほどのことはない。やはり孔子が編纂されたとされる『春秋』は、政治に資するための書ではあるが、同じく善も悪もそこに書いてある。こちらが主体的にしっかりと正しく観るなら、教えにならないものはない。かつ、『詩経』の国風十五篇(36)のうちで、淫詩は過半を占めているから、小序のように強引に説を立てたとしても、結局は解釈しきれないように思う。

「伯と叔」「君子」と「狂童」「狂且」という『詩経』に見える言葉は、すべて同列になってしまう、という問題について言えば、これはますますそれらが淫詩である証拠である。そこに見える冗談を言ったり、笑いふざけたり(37)、上げたり下げたりして戯れる様は、本当に絵を見、声を聞くようだ。

「野に死麕《しきん》あり」（召南）は明らかに淫らな言葉である。私はかつて、これは朱子の『詩集伝』がこじつけて解釈したのではないか、と疑ったことがあり、まさしくあなたの考えと謀らずして同じであった。しかし鄭風は変風(38)の一つであるが、（あなたの説によれば）そこにすら淫詩を入れ込んではいけないはずである。ましてや「野に死麕あり」を収める召南は、正風である。あなたの考えでは、そこに見える言葉を元曲に見える悄悄冥冥（ひそやかに）というのと同じようなものとされ、淫詩に違いないとされる。朱子の注が誤っているとされるのはよろしい。しかし孔子が多くの詩を刪除して『詩経』を作られた意味を、どのように解釈されるのか。

「葛覃」（周南）の章について云々されること、これを三句一段として読むのはわが朝鮮でも同じである。ただ「黄色い鳥が其《そ》の上で鳴いている」という朱子の解釈を読んで、思わず大笑いしたとのお言葉は、「其」という字[39]を葛の葉として解釈されたからではないか。「黄鳥は于《ゆ》き飛びて、灌木に集《つど》う」とは経文にあるとおりである。もしこれを「葛の葉の上で鳴く」と解釈するのであれば、子供でもそれが間違っているとわかる。朱子は誤った解釈をすることがあるとはいえ、経文にかくも背いた解釈をすることがあるだろうか。私の考えでは、「葛の葉が谷に一面おい繁《しげ》り、灌木は高くそびえており」、「灌木で鳴く」というのであれば、葛の葉の上ということにならないか。またこの詩は葛を主題としているのだから、このような解釈になる。このような場合には、言葉によって詩の意味を取り違えることなく、融通を利かせて読む[40]べきである。

「棗」「稲」を韻を合わせるように読むべきだとの説、朝鮮では文字学が伝わらず、私もまだわからないので、無理にこれについて説を立てようとは思わない。経典の中の音切解釈が多く誤っていることをもって、『詩集伝』は朱子が晩年になっても決着をつけられなかった論を記したものだ」と言うのであれば、それは実に定論というべきものである。しかしこれをもって「門人の手になったものだ」と決めてしまうのに従いかねること、すでに述べた。

「一語として朱子の解釈に問題とすべき点はない」というのは、郷愿（田舎の偽君子《にせ》）(41)のやり方であり、朱子の賊徒であり、誤りである。「郷愿」という二字を用いて非難してすら、なお寛大すぎる。ただ古人が「自分を信ずるのではなく、その師を信じる」とおっしゃっているように(42)、軽々しく自分の考えを鉄板のように不動のものと見なし、朱子の説を排斥してまったく顧慮しない、というのもよくない。

「朱子の詩注では未詳と言っているのが多い。詩の本文に虚字を簡単に加えただけだ」と言われる。私の考えでは未詳という箇所が多いことこそ、他の注が朱子のそれに及び得ないところである。そもそも千数百年の後に生まれて千数百年前の書物を解釈するのだから、一句一句疑問の余地をなくそうとしても、できるだろうか。これは周公旦のような才能や孔子のような天才をもってしても、決してできない。無理矢理に解釈して付会するよりは、疑問を疑問として残し伝え、これを「未詳」とするのがよいのではないか。とすれば、潘庭筠さんのお考えは、おそらく誤りである。詩の本文に虚字を加えるだけではいけない、というのは、注の中で興の詩を解釈する場合、多く「則《すなわち》」「矣《なり》」の二字をもって字句を繋ぎ説明していくことを言うのであろうが、私はかつて、このやり方こそ朱子による注釈のすばらしいところだと、天を仰いで賛嘆したことがある。人の考えがそれぞれ違うこと、このとおりである。孔子は経典の解釈がうまかったではないか。孔子は『詩経』烝民について、「物有《あ》れば必ず則有《のりあ》り。民の夷《い》に秉《したが》うや、故《もと》より是《こ》の懿徳《いとく》を好むべきなり」と言われた(43)。孔子のこの解釈にどんな実字があるのか。一字二字の虚字を添えたことによって、この詩の意味はすべて明らかになったではないか。

朱子による『詩経』の注釈に疑わしいところや誤っているところがあることは、私の考えでも数え切れないほどである。かつ詩の大意を述べたところで、これは誰々の作であると簡単に断ずるところも、信ずるに及ばない。ただ朱子の言葉によって『詩経』を読むと、文の流れがスムーズであり、意味の解釈でも損なうところがないから、これを口ずさみ声に出して誦んだり詩から戒めになることを感じとったりすれば、必ず自分にプラスになる。だからこれを端的に「朱子の詩」と言ってもよろしい。それが古代の詩人が本来意図したものであるかどうか、あるいはその解釈が正しいかどうか、これはひとまず置いておき問題にしなくてもよい。ただ小序に対しては、自分は心底これを軽視している。朱子の経典解釈のうち、どこが良くないと考えられるのか。『易経』とは筮占のために作られたものだと断じたこと、(44)『詩経』の解釈のために小序を捨て去ったことは、とくに朱子の最も得意とするところであり、儒教に大きな功績がある。あなた方の議論を聞くに及び、思わず呆然自失してしまった。

読み終わってから、潘庭筠は次のように言った。(45)

「小序はもとより捨て去ってはいけません。『詩集伝』が朱子の門人たちによる手稿でないというなら、朱子を護らんとして逆に朱子に迷惑をかけることになります」

私は笑って答えなかった。厳誠は潘庭筠の言葉を読んでから、次のように言った。

「『詩経』芄蘭《がんらん》で歌われる「童子にして觿《けい》を佩《お》ぶ」というのを、小序では衛の恵公を家老たちが誹《そし》ったものだとしていますが、朱子がこの解釈を間違いとしているのはどうしてでしょうか(46)」

また次のようにも言った。

「白黒をつけた言葉は大変正しいのですが、ただ小序についての見解だけは同意しかねます」

私は、

「軽々しく一緒の考え方をする必要など、どこにありましょうか。ただ双方が虚心になってさらに細かく明らかにすればよいのです。思うに、経典を尊び古えを学ぶための正しいやり方は、おおよそのところで一致するまで努力すべきです。文章の解釈が多少違っていても、終身それが一致することがなくても、何の問題がありましょうか。一言一言すべて一致することを求めたり、何事もすべてが同じであるのを求めるのは、友人としての正しいあり方からすれば大病と言うべきもので、交際が長続きする保証はありません」と言った。厳誠は大いに喜んだ。(47) 陸飛は、

「陽明先生についての論は極めて正しい。朱子による『詩経』の注が門人たちの手によると無理にこじつける必要がないのも、正しいと思います。ものごとについて是非を論ずるだけにされ、かりに朱子が作ったとして、その中に正しくないところがあったとしても、決してその説を擁護されないし、また朱子に対する嘲笑を無理矢理に解いてやろうとし、間違いを門人たちになすり付けたりしない。「自分の心根を駄目にする」との一言は、最も正大この上なしで、心服にたえません。『詩経』を注釈するに際し、原文にただ一、二字を付け加えて解釈するというやり方は、たしかにこれまでもありました。『孟子』に見えるところの、『詩経』烝民についての孔子の言葉をお引きになったのも、極めて的確であります。音切解釈についての一段もまた、さほど重要なことではなく、朱子の軽重を量るに足らぬこと、あれこれ言う必要もありません。

ただ小序を廃すべきだとされる一節は、わが心に実に安からぬところがありますため、教えを聞き入れるわけにはまいりません。私の考えでは、「舒にして究究たれ」（あせらずにゆっくりと）等の語を悄悄冥冥、潜潜等等という言葉に喩えたのは、『孟子』で言うように、詩を解釈しようとする場合、一つ一つの文字にとらわれて一句の意味を取り損ねてはいけない[48]、という考えを明らかにせんとしたのであって、これらの言葉に淫褻なところがある、と考えるわけではもとよりありません。「狂且」「狡童[49]」と言えば、それが誉め言葉でないことは誰でもわかりますが、「君子」の二字が誉め言葉でもありけなし言葉でもある、ということはありません。この言葉が他の国のところで出てきた時は誉め言葉であるが、鄭人のところで出てきたら淫乱を意味するとは、絶対にあり得ないことです。かつ当時、鄭の七人の大夫が詩を宴席で歌った時、「女曰雞鳴《じょえつけいめい》」（鄭風）と「野《や》有蔓草《ゆうまんそう》」（鄭風）を公然と歌いました[50]。「女曰雞鳴」と「野有蔓草」とが朱子の言うとおり淫詩であるとすれば、これは自国の悪い風俗を自分から述べたて、そのみっともなさを宣揚したに等しいではありませんか。「鶉之《じゅんし》奔奔《ほんほん》」などの淫詩は、鄭の伯有がこれを歌ったところ、趙孟に「ベッドでの話は家の外には洩らさぬもの」と非難されたほどです[51]。淫といえば淫のところがあるのですから、『詩経』に収める詩をすべて同列には並べられません。ただ小序があってこそ、はじめて当時誰のことを指し、どんなことを指して言っているのかわかるのです。そのうちのすべてが間違いないというわけではないとしても、信ずべきを伝え疑わしきも伝えておりますから、そこに一つ二つの誤りないものを取り出すことができます。朱子が鄭の詩に注を付けるとなると、淫詩だというのでなければ淫婦であると言い、この一本やりで書いてゆきます。一方、古人が詩を解釈するのは、国風のうちで変風だけでなく正風の詩についても、これは臣下を思う詩である、これは孝子の詩である、これは賢人を好む詩であると言うだけで、これもまた安易すぎます。[52] 要するに小序を廃すべきでないことは、これまで儒者たちが何度も何度も白黒をつけてきたところで、必ずしも朱子の批判に対して弁護しようとしたからではありません」

と言った。私は、

「朝鮮では朱子の注釈があることしか知りません。私が述べたところを自分から絶対に間違いのない論だなどと考えましょうか。小序については一読しただけで捨て去ってしまい、精密に考究しなおすことはありませんでしたので、帰国の後にさらにじっくり読んでみようと思います。もしも新しく知り得たことがあれば、謹んで手紙に書いてお送りし、ご返事を待ちたく思います」

と言うと、三人には喜びの色が浮かんだ。陸飛は次のように言った。

「私たちももう一度朱子の注を子細に味わってみる必要があります。「淫婦」などの言葉についても必ず子細に味わってみないと、いい加減だということになるでしょう」

私は、

「たいてい読書において最も気を付けるべきことは、先入観を持つことで、生涯誤りに気がつかないのもこのためです。この点を私は深く戒めとしております。みなさんもこの点に注意していただけたら、と思います」

と言った。

陸飛は清朝が山海関を突破して中国へ入る前に、朝鮮がどのような戦禍を受けたのか尋ねた。私は別の紙に前後おおよそのところを書き記し、さらに金尚憲、三学士、李士龍のことも書き添えてこれを見せた(53)。三人は見終えて、顔色が変わり言葉が出なかった。私はただちにその紙を破り去った。潘庭筠は三学士の姓名を箱の中へしまった。私は満州族の九王、龍将軍、馬将軍(54)について尋ねたが、みなまったく知らず、

「北京から遠く離れているので、清朝初期のことはまったくわかりません」

と言った。私は笑って、

「かえって私たちの方が知っているのですね」

と言った。三人はみな笑った。思うに本当に知らないのであって、言うのを憚っているのではないらしい(55)。この時、ほかにも多くの遣りとりをしたが、書いてはすぐに破り去ったため、覚えていない(56)。

私は陸飛に向かって、

「あなたが草堂でゆったりしている時、普段は何をされてますか」

と尋ねた。陸飛は、

「筆耕心織しております」

と答えた。私は、

「お言葉は簡単ですが、はなはだ奇抜です」

と述べた。みんな笑った[57]。

この時、金在行は一篇の文章を作って三人に贈ったのだが、大意は〝驕〟を戒めんとするものであった。みんなが見終わった後で陸飛が、

「講学しない人こそ、真の道学をする方です[58]。一語一語が切実かつ沈痛であり、金科玉条として奉らねばなりません。ただ私を徳のある人だとされるのは、大きな間違いです。こんなことをおっしゃるのは、私を驕慢にさせようと思ってのことです」

と言った。金在行は、

「「陸飛さんは成徳の人である（起潜は成徳）」との言葉には、大きな間違いなどまったくありません[59]。起潜にして人に驕《おご》る者がおりましょうか[60]。しかしながら「起潜成徳」という言葉をご覧になれば、もしかしたら修業の助けとなるかもしれません」

と言った。厳誠は、

「金在行さんは人に屈することのない豪邁な方ですのに、世間のことに注意する言葉も、かくも周到にして懇切です。賢者は本当に測りかねます。宿舎にお帰りなさったら、さらに三枚書いてお送りいただけませんか。決して忘れてはいけませんよ」

と言った。金在行は、

「すでに納得してもらっているのに、何で改めて書く必要があるのでしょうか」

と書くと、厳誠は、

「今は納得しても、しばらくすれば忘れてしまいます。お書きいただいたものをいつも目にできる方がいいからですよ」

と言った。金在行は、

「『人とは、自分がこの上ない馬鹿でも、他人を非難する時には利口になる』(61)と申します。わが身を顧みて、これこそ自分の欠点だとわかっているのに、人の過ちを言いたてるとなれば、眉をつりあげて語気も激しくなり、まるで傍若無人です。まったくおかしなことです。私の欠点にお気づきであれば、戒めてください」

と言った。潘庭筠は、

「私に対する教えは本当に良薬です。あなたについては、まったくほかに問題とすべき点がありません。ただもう少し体裁をかまわれたらよいだけです」

と言った。厳誠は、

「私はあなたに何の忠告もできませんが、ただもう少しもの静かで細やかであれば、もっとよいと思います。たいてい豪快な人は気にかけぬところが多いものです」

と言った。潘庭筠は、

「人に対して驕慢だというのなら、私はこれにあたりません。しかし人を侮るところは確かにあります。お教えをいただいたからには、今後は肝に銘じて改めようと思います」

と言った。

この時、肴《さかな》や果物が並べられ、また酒が勧められた。金在行は少し断ったものの、続けざまに数杯飲んだ。私が大いにこれを責めると、みなはその意味するところを理解して笑った。

陸飛は笑いながら、

「金在行さんが洪大容さんのお叱りに耐えられず、まるで女が色っぽく媚びたような態度をおとりになること、本当に可愛らしい」

と言った。私は、

「酒はこれこそ「とびきりの優れもの(62)」、というやつです」

と言うと、陸飛は、

「「飲食男女は聖人の禁じられぬところ(63)」です」

と言った。私は、

「金さんは来る時、「もう飲まない」と約束しましたが、ここへ着くとその本性《ほんしょう》を止められません。ですから「とびきりの優れもの」と言ったのです。彼は先日、すんでのところで事件を起こすところだったのですから、これ以上は絶対に勧めないでください」

と言った。陸飛は笑って、

「「酒は先生（先輩）に飲んでいただき、女《なんじ》は君子の儒たれ」ですよ(64)」と言った。

この時、潘庭筠は上衣《うわぎ》を脱ぎ、盥《たらい》を前にして洗っていたが、服飾は華美を極め洗濯も清潔丁寧を極めた。私は潘庭筠に対して、

「あなたには女が色っぽく媚びるような態度が多分にあり、一人前の男としての磊落《らいらく》な気性が足りません。ご注意になるべきです」

と言うと、潘庭筠は、

「まことにあなたのおっしゃるとおりです」

とのことであったので、私は、

「あなたは先日、好色なことをいろいろおっしゃった。最近は気をつけるようになっておられますが、しっかり注意されるべきです」

と言った。潘庭筠は、

「日頃より浮気はしておりませんが、寡欲であることは本当に難しい」

と言った。私は、

「誰が難しくないでしょう。ただ「之れを寡《すく》なくして又寡《すく》なくする」という点に心掛けるべきです(65)」

と言った(66)。

潘庭筠は、

「血気がいまだ定まることなく(67)、情欲がゆきすぎます。これが最大の欠点です。幸いにも日頃から「(女が男に)遇ったことありません(68)」。今後いよいよ戒めたくは思いますが、はてどうなることか」

と言った。私は、

「人の道とはほかでもありません、過ちを聞くのを喜び(69)、過《あやま》っていると人から聞いたらこれを改めることができる者こそ、ついに手にすることができるものです。自分で自分の考えを正しいとし、自分にゴマをする者を好んでおれば、小人になるほかありません(70)」

と言った。潘庭筠は、

「まったくそのとおりです」

と言う。私は、

「こんなことを申すのも、過ちを聞いた時に感じる喜びとは、結局のところ人に誉められた時のうれしさには及ばないからです。私も結局のところ、〝小人〟たるを免れません」

と言った。潘庭筠は、

「これこそ、切実に己のためにする学問(71)の言葉です。あなたにはまったく及ぶことができません。私は人が誉めてくれるのがうれしく、過ちを聞いて気を引きしめても、しばらくすればまた勝手放題になります。これが最大の欠点です」

と言った。私は、

「これこそ切実に内省されたお言葉です」

と言った。潘庭筠は、

「私には日頃、過ちと言える所はほかにありませんが、人を軽々しく見下し（慢易）挙動が軽率であること、それに好色な点こそこれだと思います。お教えを伺い、痛改せねばなりません。好色という問題は大変に難しい」

と言った。私は、

「難しいと言えば難しいですが、好色なままほったらかしたら、どんな人間になるのでしょう」

と言った。潘庭筠は、

「ほったらかしなどいたしませんが、節制するのは本当に難しい」

と言った。

厳誠が言った。

「私には一つ欠点があります。よく気がつき何でもよくわかるのですが、気が弱く[72]、相手にいやがられるのではないかと思ってそれとなく注意して自分で気づいてもらうようにします。気づいてくれないと腹が立ちます（懣）。相手にこうしてほしいと思うことがあると、それとなく言って自分からわかってくれるようにします。わかってくれないと怨めしく思います（懟）。こっちでは胸の内にイバラがすでに生えておりますのに、相手はもちろん悠然たるもので、太平無事の世界にいます。苦しいこと、苦しいこと！　これから考えますと、君子の振る舞いとしては、人を責めるのに激烈にわたることはもちろんよくありませんが、畏縮することをもよくありません。一体これは、どんな手を使って治したらいいのでしょうか」

と言った。私は、

「懣と懟の二文字を已《や》むの一文字に置き換える、つまり気づいてくれなければそれまで、わかってくれなければそれまでにしてやめておく、という字に改めたらどうでしょうか。

「躬《み》自《みずか》ら厚くして、薄く人を責む(73)」ことにすれば、どこへ行っても自分で納得しないことはありません」

と言った。厳誠はただちに二つの〝已む〟の字で書き改め、大変喜んで、

「「学は必ず講じられて後、明らかになるもの(74)」とか、わが湛軒さんが朝夕監視役になってくれたらと思いますが、そんなことはありえません。永遠に二度と会えない今、大声を出して泣かんばかりです」

と言った(75)。

この時、お客が次から次へとやって来て、各人が代わる代わる応対に出た。私は陸飛に対して、

「『荷風竹露草堂詩』の草稿をまだ拝見しておりませんが、これはどうしてですか」

と言うと、陸飛は、

「その詩を書き出します」

と言って書いて示した。その詩に言う(76)。

私は年三十にならずして、生活は常に苦しかった。

そこで始めて食うために忙しいのだとわかって、はや生きる道は苦難に満ちていると厭気がさした。

年老いた親は七十歳になるのに、十分な食事も差しあげられず、
仕官して出れば俸禄をもらう楽しさを恥しく思うし、出仕せず、家にいれば就任決定の
通達をもらうという喜びも少ない。
残っているのは旅先の宿舎で夢を見、心を込めて郷里を恋しく思うだけ。
貧士は孤雲のようなもの、何で故郷に住めようか。

あれこれするうち十年過ぎ、樹々のざわめきに思うのは、亡き父母にもはや孝行できぬ
悲しさだけ。
背中を縮こませて飛ぶ短い翼を休めるのは、(77)ちっぽけな破れ小屋。
前庭にはひとむれの篠笹《しのざさ》を植え、家の後ろには芙蕖《はす》の花。
そのそばには空き地があって、葵《あおい》や野菜の種をまくのに十分である。
わが廬はもの静かとはいえ、もとの家でないのが惜しまれる。
富貴でありたいと願わぬわけではないけれど、人生どのように踏みまようことになるか
は、運命としてもとより違っている。
よくよくわが子らに申しつける、とりあえず読書することを仕事とこころえよ。

　私は読み終わって、

「陶淵明、柳宗元の作風ですし、蘇軾、米芾《べいふつ》の書風です」

と言うと、陸飛は笑った。

　潘庭筠は、

「聞くところでは、朝鮮へ勅命を帯びて出かける使節は、すべて満州人を用いるとのことですが、本当ですか」

と尋ねた。私は、

「漢人も出かけてゆくとのことです。ただあなた方が派遣されて朝鮮にお越しになっても、面会の不便なること今日に十倍します。今より永《とこし》えの別れをするなら、ほかに再会できる方策はありません」

と言った。陸飛が、

「そんなにも中国を尊ぶのですか。あるいは曲者《くせもの》が中国から紛れ込むのを防ごうとするのですか」

と訊いたので、私は、

「両方の意味があります(78)」

と答えた。

この時、また来客があったので、陸飛が応対に出た。潘庭筠は、

「使節の者がもし会いたいと言ったら、どうでしょうか」

と訊いたので、私は、

「とはいえ、沿途の道端で友人同士が遇って話をするというのであれば、まったく遇えないということもないでしょう。しかし私はそんなことしたくありません」

と言った。厳誠は、「したくありません」と書いたところを指さしながら、

「これは何のことかわかりません」

と言ったが、私は答えなかった。もう一度、

「どういう意味ですか」

と尋ねたが、私はまた笑って答えなかった。潘庭筠は、

「お国のことが畏《こわ》いのですか」

と言うので、私は、

「違います」

と答えた。厳誠は、

「虚しくただ会うだけなら、会わない方がましだということ？」

と言ったが、私はやはり、

「いいえ」

と言った。潘庭筠は、

「中国皇帝のお使い（天使）に会うためには、必ず礼を尊ばねばならないからですね」

と言ったが、私はやはり、

「いいえ」

と言った。二人は大いに私の言葉を怪しんだ。潘庭筠は、

「私どもが朝鮮へ行きたいというのも、妄想にすぎません」

と言った。

潘庭筠がまた接客に出た。厳誠はもう一度私に向かって、先ほどの言葉はどういう意味かと尋ねた。私は、

「あなたがすばらしい人物になってくださったらと願うだけで、すばらしい官僚になってほしいとは考えない、ということです」

と答えた。

「つまり、先日、陸飛さんに送った書状の後ろにあった言葉ですね？」

と言ったので、私は、

「そうです。もしあなたが俗世の塵《ちり》を軽々しく受け入れ、名を揚げるために科挙試験の会

場に出没されるのでしたら、合格されたことによってお目にかかることができたとしても、顔を合わせることができたという気休めとなるだけで、大いに私の希望するところと違います。私はあなたに対して、本当にこの真剣な気持ちがあります。潘庭筠さんに対しては、おそらくこれを言っても無益でしょう。従うことができないことをもって、決して人を責めたりいたしません。こんなわけで、潘庭筠さんに贈りました言葉は、ほとんどすべて世間的な見地から、出してきたものにすぎません」

と言った。厳誠は、

「陸飛さんに送られた書状を私読みまして、大いに感激いたしました。ちょうど陸飛さんと対話した時、今日の言葉を忘れないでおこうと約束しました。あなたが潘庭筠さんに先日送られた言葉は、医者も治せないような病根にピタッと中《あた》ったものです。おそらくはその病《やまい》がこびりついてしまっているため、薬を受け付けないのです」

と言い、また、

「私はあなたにもう一度戒めの言葉を紙に書いてもらい、贈ってもらい座右の銘としたく存じます。いい加減な言葉を申すのではありません。立派な人の立派な言葉は、終身これと向きあって戒めとすることができます。すでに誰かに贈った言葉だから、別の誰かには決して贈れない、などとお考えになることはありませんし、私の言うことを世間的でつまらぬ言葉だと考えて、隠したままにしないでください。もしこの言葉をお書きにならないのなら、ほかの言葉でも最高です。私は本当に自分から進んで教えを受けようとする人間です。見捨てないでください。ただ素質の悪さや小人物であるため、あなたの気高さと深さにお答えできないのを恥しく思います(79)」

と言った。私は、

「書いてさしあげるのは、何の難しいことでもありません。ただあなたは結局、本気になって私を教誨してくださらない。ですから、私はあなたの言葉をそのままには受け取らないのです」

と言った。厳誠は、

「私はここで誓ってもよろしい。私は資質が劣り、中身が本当に何もありません。「虚《むな》しくして盈《み》てりと為《な》す(80)」ことなどできましょうか。どんな言葉でお礼し、お返ししたらいいのでしょうか。たとえ言葉が見つかっても、それは当たり前の言葉にしかなりません。あなたが私どものために頂門の一針を加えてくださるようにゆきましょうか。かつ私どもは欠けたところが多く、これを戒めとして、古人の優れた風格道義を見るほかありません。ところがあなたときたら、粋然で無疵《むきず》なのです。このうえ、どんな言葉で戒めてもらおうとなさるのでしょうか。これでは桃をいただいたお礼に李《すもも》でお返しする(81)、というわけにいかないのは当然です」

と言った。私は「資質が劣る云々」というところをさしながら、

「私の才能や知識があなたより優れているでしょうか」と言い、「虚しくして盈《み》てりと為す」というところを指さして、

「私の方が本当に何もないでしょう」と書き、「当たり前の言葉云々」というところを指さして、

「私にどんな特別の言葉がありましょうか」と書き、「粋然で無疵云々」というところを指さして、

「これは聖人にしてはじめてできることです(82)。かつ聖人であったとしても、戒めの言葉なしでよいでしょうか」

と言った。また、

「私を中国人ではない田舎者だとされるのです。あれこれおっしゃいますな」

と言った。厳誠は、

「先日も申しました。戯《なぶ》ったりなどいたしましょうか。私は日頃から不妄語戒(83)を守っております。いつもそうできるわけではありませんが、何でまた誓いの言葉を乱発するなどしましょうか。「もし誑言《うそ》をついたら、わが未来よ不吉であれ」とは、私の言葉ではありませ

んか(84)」

と言った。私は、

「私の場合、戒めを守らないことが多いのではないかと恐れます」

と言った。

潘庭筠は、

「「介にして而《しか》も能く和し、寛なれば則ち衆を得(85)」の八字をお贈りいただきたく思います」

と言った。厳誠は、

「湛軒さんが内と外とで一致せず、言葉と行動との不一致を顧みないと言うなら、私には、この方のことを知りようがありません」

と言った。私は、

「私は本当に謙遜しすぎているわけではありません。また金在行さんがここで、私のことを「小人を悪《にく》む(86)」と言えば言いすぎですが、しかし「言葉が実際を上まわっている(87)」のはそのとおりです」

と言った。潘庭筠は驚いて訝《いぶか》しがり、金在行に向かって、

「君子のことを「小人を悪む」とおっしゃるのは、金在行さん、気が変なのですか」

と言った。私は、

「そうではありません。これは金在行さんが約束事として出した戒めの言葉（驕）を用いたからで、金在行さんが私のことを小人（を悪む）と言ったというのではありません」

と言うと、みな笑った。厳誠は、

「そうだとすれば、私はあなたの表面だけを見、その言葉を聞いていただけです。表面だけ見てその内面を窺わず、その言葉を聞くだけでその行動を観察していないのであれば、粋然で無疵だと考えたのも、もっともです」

と言った。潘庭筠はまた、

「わが洪大容さんは、人品まことに大儒であり、私はその高さと深さを知りえないだけでなく、本当にその学問においても……」

と書いたが、書き終わらないところで私は紙を奪って墨で塗りつぶし、

「これら浮ついた言葉はどちらにも無益であり、人に笑われるだけですから、口を閉ざすのがよいでしょう」

と言うと、潘庭筠は私に、

「愛吾廬の静かなたたずまいと美しい景色について、一度参って一緒に賞味できぬのは残念です」

と言った。私は笑って、

「あなた方が一度お越しになりたいと言っても、鼈《すっぽん》の膝がひっかかるでしょう(88)」と言うと、潘庭筠は大笑いして、「うまいお言葉です！」と言った。(89)

私は厳誠に対して、(90)

「あなたはもしかして、普通ではやってもよいと思われるようなことでもとどまってやらない（狷滞）という欠点(91)があるのではありませんか」

と言うと、厳誠は、

「自分ではそんな欠点はないと思っておりますが、ほかの人が見ればあるのかもしれません」と言った。また、「胸の中にわだかまってしまって、どうしても除き切れないものが時としてありますが、ただちにこれではいけないと悟って、何とか克服します。しかし綺麗さっぱりとはなりません。自分ではやってよいと思うことでも、やらずにとどまってしまうという欠点はないと思います」

と言った。潘庭筠は笑って、

「厳誠さんの「為さざる所《ところ》有り」というところこそ、狷なところなのです。志を堅く立てているところこそ、滞なところなのですよ」

と言った。厳誠は首を振りながら、

「これはひどいお言葉、私は受けとれません。人は結局のところ、棺に蓋《ふた》をしてからその人物を論定するほかありません。私が将来小人とならないなどと、どうしてわかりましょう」

と言った。

また厳誠は、

「私がお二人に、書いた言葉を是非とも贈っていただきたく思うのは、この身この心に邪魔者が忍び込んでくるのを防ごうと算段するからです。嘉言や善行は古今によくありますし、師友の間にもないわけではありません。しかしながら、目と眉ほど離れただけ(92)でも、その心はもう行きとどきません。今お二人の人となりにめぐり遇い、また胸の内はわだかまり、かくも別れに心が乱れます。お二人の人品と学術がかりにかくも優れていなかったとしても、終身忘れがたいところですのに、ましてやお二人の嘉言善行には学ぶべきところがあり、生涯かけて用いることができるではありませんか。これはちょうど、とくに内容のない手紙でも終身宝(93)としたく思うのと同じです。ましてや懇切丁寧に私の耳をそばだたせてくれ、面と向かって戒めてくださるのですから」

と言った。私は、

「おっしゃることはわかります。ただ私は、内実がないのに外に対して大言を吐くのを恥ずかしく思います。このような実情を超えたお褒めをいただくのも、すべて自らが招いたものです。「言を以て人を廃せず(94)」とは、あなたのように盛徳ある方がおっしゃるのであれば、大変正しいことです」

と言った。私はまた、

「私の書いたものが欲しいとか、どうぞ二度とそんなことをおっしゃらないでください。私がどのような人物であるか、おおよそすでにおわかりのことと思います。私の気質には戒めて直さなければならぬ欠点があります。心を込めてこれを直し、帰国後に反省せねばなりません。もしまた実情を超えたお誉めの言葉をいただいたなら、私は本国でまともな人間のうちに算《かぞ》えられません。これを持って帰れば、あなたが軽率に人を許容しすぎるように思われるだけでなく、私も人をだましたという罪は、弁解のしようがなくなります。ご理解いただけますように。私のこの言葉にいささかでもうわべだけで謙《へりくだ》った心がありましたら、それこそあなたが先ほどおっしゃった「わが未来よ不吉であれ」というものです」

と言った。

私はまた、

「陸飛さんは外で接客中ですか」

と言った。潘庭筠は、

「俗客が人に面倒をかけます。陸飛さんは俗事に通じておられません」

と言った。厳誠は、

「俗客と言うこともありますまい。あちらの人は私どものことを知らないのですから。人にはそれぞれやるべきことがあり、今やって来たのも、あちらにそうすべきことがあるからです。言葉が穏やかではありません」

と言った。潘庭筠は、

「私は本当に俗人がたえられません。胸の内が本当に穏やかではありません。これこそ先ほど言った「慢易（人を軽々しく見下す）」というところです」

と言った。厳誠が、

「とすればなぜ改めないのですか」

と言うと、潘庭筠は、

「私は俗人に会うと、すぐに眠りたくなり、何も話したくなくなりますが、お二人に会うと、徹夜して朝まで話せないのを恨めしく思います(95)」

と言った。私が、

「ただ私たち二人も、俗であるのを免れぬでしょう」

と言うと、潘庭筠は笑って、

「これはうまい！」

と言った。

陸飛が入ってきた。私は、

「二十八、二十九の両日は、みなさん旅館にいらっしゃるでしょうか」

と訊いた。陸飛は、

「お尋ねになる必要はありません。何か事があろうとなかろうと、お便りが来ればもどってまいります。私が旅館にいるかどうかは決まっていません。ただ時間を見付けて一談できれば、それこそ楽しいことです。今日は大変つまらなかった。繫がっている腸《はらわた》が来客のため切れたかと思うとまた繫がり、これならいっそのこと切れてしまって繫がらない方がましでした。二十八日、二十九日の両日は、お目にかかれてもかかれなくても、私は問題ありません。これは人情のない言葉ではなく、情況として何とも仕方がないのです。私は常日頃から、思いが纏わりついて引きずるたちで、往々にして解きほぐせないところまで至りますので、この方法を用います。私は天下第一の残忍な心をした人間です」

と言った(96)。

この時、客がやって来たので、陸飛が出ていった。厳誠は、

「大切なことをお尋ねしたく思います。洪大容さんは心の細やかな方で、自分を兄の立場に置いたような付き合いはなさいません。金在行さんは兄の立場で私を養われます。しかし

今後手紙をやりとりするのに、年少の者に対して（洪大容が厳誠と潘庭筠に対して）二兄と呼び、年長の者が自分のことを逆に弟と呼ぶのはおかしくありませんか。今後できれば、湛軒さんが我々二人を呼ぶ時は老弟[97]と呼んでくださいませんか。金在行さんには、私を老弟と呼んでくださいとは、とくにお願いしません」

と言うと、潘庭筠もまた、

「私もそう思います」

と言ったので、私は笑いながら、

「老弟などという呼び方はおそらくこれまでありませんでした。これは陸飛さんの悪だくみ[98]に違いありません。世間に自分より年をとった弟がおりましょうか」

と言った。厳誠は、

「必ずしも老弟と呼ぶことはありません。賢弟ではいかがでしょうか」

と言い、また、

「先の手紙で二兄と呼んでくださっている文字のところを、両賢弟とすれば穏当です。そうでないと陸飛さんは私より十三歳歳上でありながら、しかも金在行さんを弟と呼び、我々二人を兄と呼ぶなら、人間関係として不正常ではありませんか」

と言い、また、

「金在行さんは必ず自分を兄だとして付き合いをされますが、洪大容さんはおそらくあい変わらず遠慮されるのでしょう」

と言った。私は、

「心が細やかですし、かつまた結局のところ中外の別があります。[99] 陸飛さんの弟というなら問題ありませんが、私がお二人の兄であるとするのは、本当に受け入れられません」

と言うと、厳誠は頭を垂れてものを言わなかった。金在行は、

「殿様やお偉方には中外の別があるとのことですが、知識人が友人として交際する時にもランクがあるとは、聞いたことがありません。そうだとすれば、府下の人々と県下の人々がいたとして、県の人々が府の人々と年齢順で並べず、年長の者がかえって末席に坐るなんてことが、ありましょうか」

と言った。

この時、潘庭筠はまた接客のために出ていった。厳誠は面白くない様子をしばらく見せた後、やっと言った。

「この問題はそんなに細やかな心遣いをすべきことではありません。あなた（洪大容）が先日、「同胞に分け隔てがあるだろうか[100]」とおっしゃった言葉をなぜお考えにならないのでしょうか」。

私は答えなかった。厳誠の気持ちとしては、ますます熱心に懇願し、かえって意気喪失したかのような顔付きを見せた。私がやっと、

「賢弟という言葉どおりにいたします」

と言うと、厳誠は喜びを顔に浮かべて、

「『死すともかつ不朽』(101)というものです」

と言った。また、

「我々の住む南方では、結盟(102)して兄弟となる者が非常に多うございます。しかしながら面と向かった時は誠実そうなことを言っておきながら、顔をそらすと笑うというだけでなく、数年たてば道で遇っても知らん顔という者がおります。これは笑うべきです。我々のごときは、今日兄弟と呼び合っても、終身二度と会うはずはありませんが、海が枯れ石が粉々に砕けても、永遠に変わりません。本当の兄弟のほかにこの良友を得ようとは、思いもしませんでした。心の楽しさは筆をもってはつくせません。何とも何とも楽しいこと！」

と言った。私は、

「誤ってかくまで可愛がっていただき、感動するとともに悲しくもあり、何もほかに言うことはありません」

と言った。厳誠はゆっくりと、

「海が枯れ石が粉々に砕けても、今日のことを忘れないでください」

と書いた。

この時、日はすでに暮れていた。召使いが何度も何度も帰ろうと促した。陸飛と潘庭筠は接客に出て、まだ帰らなかった。私は、

「晩《おそ》くなりましたので帰ります。何日になるのかわかりませんが、もう一度参って、お目にかかって去りたく思います」

と言った。厳誠は、

「暇な時に、もう一度おいでください」

と言い、惨極（これ以上辛いことはない）という二文字を大書し、またその下に無数の点を打った。この時、厳誠は涙をこらえて嗚咽し、惨然として人色なく、我々も顔を見合わせ悲しみにたえなかった。金在行が、

「後しばらく滞在期間があること、なおうれしく思います」

と言うと、厳誠は金在行に対して、

「三枚の紙に書いてくれるように言ったこと、決してお忘れにならないように。三枚が難しいと言うのであれば、一枚でもよろしい。その後ろのところに「力闇賢弟に贈る」と書いてくだされば、私のものになります。私は本当に真心から言っており、潘庭筠さんのように

遠慮の気持ちを含むものではありません」

と言った。金在行は許諾した。厳誠は、

「千言万語も、結局のところ「終帰一別（終《つい》に一別に帰す）」の四字にほかなりません。しかし、この情をどうしたらよいのでしょうか」

と言った。私に対して、

「画帖はすでに半分使い切りました。二十八日、二十九日の両日にお返しいたします」

と言って、筆を放り投げて嗚咽した。私は、

「もうやめましょう。何とも仕方がありません。凄絶なまでに苦しいという言葉を言ってはいけません」

と言った。厳誠は、

「おっしゃるとおりではありますが、この情をどうしたらよいのでしょうか」

と言った。

召使いがやって来て、間もなくして宿舎の門が閉まったら大変だ、と言った。私と金在行とは立ち上がり、

「日はすでに晩くなりました。二十八日か二十九日の間に、また参ります。十分に話せなかったことは、何枚かの手紙にて申します」

と言って、すぐに門まで来た。

陸飛と潘庭筠が入ってきたが、相対して惨めな表情でしょんぼりするだけであった。潘庭筠は、

「二十九日にまたお越しください」

と言った。私は、

「二十九日には必ずまた来てお目にかかります」

と言い、言い終わってから出た。門の内側まで来て別れた。厳誠は涙を雨のように出し、手をもって心を指し示すのみであった。車を雇い、速く走らせて帰った。

二月二十七日

使いの者を送った。陸飛への手紙には、次のように書いた。

昨日は来客にかき乱され、ゆったりとご清教をいただけず、帰ってきてから残念でならず、まるで大切なものをなくしたようでした。夜来、旅先にてお健やかなことと存じます。

扇子を一緒に贈ります。

出発の日は三月一日と確定しました。二月末日に参ってお別れしたく存じます。また特

段の問題がないようでしたら、少しの間でもお姿を拝させていただけませんでしょうか。二日間にわたってお付き合いいただくことが、ついに千古の別れとなります。帰国後、真正のお姿がどうであったか心に思っても、ぼんやりとはっきりしないに違いありません。不備。

厳誡に与えた手紙には、次のように言う。

愚兄某が叩頭し、力闇賢弟の足下に奉ります。

力闇《あなた》の才、力闇《あなた》の高さ、その学の奥深さ、これでこそわが老師《せんせい》です。力闇《あなた》は私が一歳年上なだけなのに、それでも私を兄の地位に置こうとされます。私は何度もお断りしましたが、受け付けられません。ところが力闇《あなた》はかえって、自ら慚《は》じかつは私を憫《あわれ》まれ、まるで自分を許せないかのごとくです。思うに、あなたが私を可愛がってくださることかくも深いがゆえに、私と親しくしてくださることこの上ないのです。そうであるのに、最後までお断りするに忍びましょうか。これから力闇《あなた》は私の弟です。わが弟よ、頑張ってください。徳量を広げて問学に勤め、うわべを飾ったり嘘をついて①自分の軽薄さを飾ることがないように。細かな行いに気をつけないがため、その大きな徳を損なう②ことのないように。爾《なんじ》の兄である私に光を錫《たま》われよ③。私はこれを受け、永遠に賛嘆の言葉を後人に発し続けるでしょう(4)。不宣(5)。

潘庭筠に与えた手紙には、次のように言う。

一日中話し合い、この上なくのびのびと気持ちを述べることができました。別れの辛さはいよいよ切になり、いよいよ耐えがたいものとなりました。人情に限りがないこと、何とも甚だしいことです。二十九日にしばらく参って永久《とわ》の別れをしたくは思いますが、別れの苦しさをどのようにして断ち切ることができましょう。不宣。

昨日、帰り際にやりとりした時、潘庭筠ははじめは自分のことを弟と呼んでくださいと言っていたが、これを約束として決める段になると、潘庭筠はその場にいなかった。かつ潘庭筠は結局のところ遠慮が多く、厳誠のように真心から出たものではない。だから厳誠に対してだけ、自分は兄と称した。使いの者が帰って言うには、厳誠と潘庭筠は外出していたとのことである。

陸飛の手紙には、次のように言う。

昨日は膝を交えて一日中静かに語り、別れにあたって思いの丈《たけ》をのばさんと考えておりましたところ、立ったり坐ったりで、客が次々とやって来ましたので、大いに心苦しく思いました。お二人が立ち去られた後、ますます気の抜けたような状態でした。しかしながら灯をつけて「籠水閣記」を書きましたところ、鬱勃とした気持ちは収まらず、いい加減なものになってしまいました。今ひと足先に湛軒弟に差しあげ、不格好な様をお見せするのみといたします。

扇子二本をいただきました。夜になったら、これに書きたく思います。金善行先生の詩軸を拝受しました。先祖がこれを手にしていたら、不朽の宝としていたでしょう。五臓に刻み込まれる感覚を何と表現できましょう。子孫に伝えて永く宝といたします。

厳誠君と潘庭筠君の二人は、ちょうど訪問に出かけてまだ帰りませんので、使いの者を留めぬことにいたします。いただいたお手紙は、手元に留めておいてから渡すことにします。

二十九日にお越しになることができ、俗客がなければ、ゆったり話をすることができましょう。そうでない場合でも、断腸の思いを述べるわずかな言葉をやりとりするだけでも、会わないよりはましでしょう。

その「籠水閣記」には、次のように言う。

『書経』虞書には「宝玉で作った天文観測機器で、七つの天体が斉《そろ》っているのを見る(6)」

とあるだけで、誰が作ったのか言わない。後世、天文について語る学派では、おおむねこの機器を作るのがうまかった。『漢書』で「張衡は機器の技術においてとくに妙《たくみ》であった」[7]と言っているのは、これである。ただ中星を観測すると、太古の唐虞の時代から周に至るまでに、すでに午未に移っており[8]、唐の一行に至ってはじめて歳差を定め[9]、ますます精密となった。わが清朝の暦法はそれまでよりもはるかに卓越しており、梯子《はしご》をよじ登って山を越え航海によって諸外国へ出かけた。天文暦算の学を博く精密にするのは、いつも外洋からもたらされた[10]。つまり天文学にはもとより専門家というものがいるのだから、中国の領域内にこだわってはいられない。

東国朝鮮の洪大容[11]は、書物において究めざるところなく、かたわら様々な芸能技術にも通じ、微細なところを絶妙に明らかにされる。東国には羅景績という者が同福に隠れ住んで天文観測に通じており、門人の安処仁は師から伝えられた教えを深く究め、その巧みなアイディアには並ぶ者がなかった。二人はともに奇士である。洪大容は二人を訪問して招聘し、虚心坦懐に話し合ってそれまでの作り方に手を加え、工作のうまい人材を選び出し、三年以上かけて渾天儀一器を作った。さらに手に入れた西洋時計をこれに内蔵し、籠水閣に据え付け、朝な夕なに思う存分観測した。

洪大容と羅景績、安処仁というともに優れた人物たちは、運命として必ず出会うことになっていた[12]のである。優れた人物を求めることに大いに努め、渾天儀を製作するのにかくも専念し、かつ長い時間をかけた。そもそも羅景績と安処仁は、洪大容に会えなければその奇抜な才能を発揮できなかったのだし、洪大容にとっては、二人を獲得することなしに大作を完成しえなかったのだが、私も洪大容がたまたま朝貢使節に随行してやって来て、旅先で交際を結ぶことができなければ、そもそもこの世に洪大容なる人物がいることすら知らなかったのだし、ましてや羅景績と安処仁のことを何で知りえたであろう。これから見れば、天地はもとより奇抜なところがなければ目立たないとはいえ、不朽の業は必ず遠方にまで伝わるものである。羅景績と安処仁にとって、洪大容にこの世でめぐり会ったことが慶賀すべきことであるだけでなく、私にとっても三人を知りえたのは幸運であった。

そもそも私にはさらに意見がある。道は形をなさないところに絶妙に隠されている[13]。およそ虚空の中で象《かたち》あるものとして現れているもの[14]は、すべてその物質であるが、これを動かしているものは気である。観測機器は天の動きを絶妙に真似て後を追い、その中で動いているのは機《からくり》ではあるが、これを動かしているのは水である。水は天地にあって満ちればあふれ、浅ければ底が膠《こびり》つく[15]。まっすぐに流せば簡単に尽きてしまうが、くねくね曲がって流せばゆっくり通り、流れに勢いをつければほとばしり、流れぬようにすれば止まる。これはすべて、水のもつ本性ではない。機器が水を受けると、流れて休むことなく、注いで尽きることがない。その自然に順《したが》い、機器の中の仕組みどおりに動いて、それ自身が他のものを曲げたり閉ざしたりすることがないから、天地の動きと符合している(16)。これが、機器には天地の道に通ずるところがある所以《ゆえん》である。私は算学を知らないから、天のことを語りはしない。洪大容は性命の学という、人間とは何であり、またいかにあるべきかという学を講ずること、久しい。彼は徹底して考えぬき、高く明らかであるから(17)、必ずや機器や暦数のような、本質から見れば末端に位置するものに拘泥することはないのである。

今まさに別れんとし、遠い異国にあってははるか隔てられることになるが、将来、遠いかなたを望んで思うなら、きっと私を励ましてくれることになるはずだ。

二月二十八日

使いの者を送った。手紙には次のように言う。

昨日、陸飛兄《せんせい》の返信を拝受、わが心を大いに慰めてくれました。ただ厳誠さん、潘庭筠さんお二人のお手紙を目にしていないのは、心寂しく思います。夜も更けた頃、みな様にはお変わりないことと存じます。

出発の期日が迫り、あれこれ思えば気が滅入り、まことに帰郷するという喜びが感じられません。苦しい、苦しい思いであること、二つの手紙をざっとお読みいただけば、わかると思います。「草堂詩」を下手《へた》ながら書こうと思いましたが、いざ書く段になると心満たぬ思いが生まれ、結局まだできておりません。何とも不器用なことです。不宣。

「籠水閣記」はまったくパーフェクトです。また筆使いはもっとも見事で、もうこれだけで粗末な部屋を輝かせてくれます。一人ぼっちで粗末な暮らしの私にとって、この幸せをどうしたら言い尽くせましょう。

陸飛に贈った文には、次のように言う。(1)

丙戌（乾隆三十一年）の春、私は朝貢使節に随行して中国に入り、厳誠さん潘庭筠さんとこの上なく楽しい交際をした。

ある日、その旅館の門に入ると、二人はほかの話をする余裕もなく、五幅の絵画と五冊の詩稿、それに一長文の手紙をとり出し、それらが何であるかを詳しく語った。陸飛解元先生が杭州から今着いたばかりで、我々の情況を聞きつけ、馬から鞍をおろし終わらず、部屋を整頓される前に、燭をともして描かれたものであるとのこと、描き終わってから手紙を書き、書き終わると時刻は三鼓になっていたとのことであった。ああ、先生の道義は何と高く、先生の志は何と真剣なことか。ただ私がここまでしていただくほどの者なのかどうか。ところが厳誠、潘庭筠二人との関係によって、私が弟子の礼をもって会わんとしたところ、先生はすでに門のところまで来ておられ、私の手をとっていざない、座につかせられた。先生は何と、私を「弟」と呼んでくださり、欣然として旧知のごとくであられた。

そもそも人の一得一失には、すべて定められた運命がある。今日かくめぐり会うことになったのは、けだし天による。それにしてもまた、数奇なことではある。ただ言葉が通じないので、筆をもって舌に代え、議論や冗談が飛びかった。

話半ばで、先生が詩稿の中にある「忠天廟画壁詩」をさしておっしゃるには、「壁画は自分の曾祖父である少微公の手ずから描かれたものである。少微公は世間から隠れて官僚とならず、常に一《ひと》月の半分は酒に隠れ、後の半分は絵に隠れてその身を終えられた」とのことで、この絵画にちなんだ一言を弟である私にお願いしたい、とのことであった。私は再拝してお謝《ことわ》りをした。ところが、襟元《えりもと》をただしておっしゃるには、「天下に道あれば賢者は世に見《あらわ》れ、つまらぬ者は姿を隠す。天下に道なければ、賢者は姿を隠し、つまらぬ者は世に見《あらわ》れる(2)」、とのことであった。少微公がどのような賢者であったのか、私は詳しいことは知らないが、その世とは、明末にあたっていたのではないか。東林党と宦官派との争い(3)で混乱した時代にあたっていたのではないか。『易経』大象には、「徳を倹《おさ》め難《なん》を辟《さ》く。

栄《えい》するに禄を以てすべからず」(4)とある。少微公のような方こそ、賢者と言うべき方ではないのか。酒も絵も、これによって「わが徳を倹《おさ》めん」とするものであるし、隠れんとするわが意図を成しとげてくれるものである。安寧かつ快楽のために酒と画に止《とど》まっている、というだけなのだろうか。困難な情況から身を遠くへ脱し去り、浮き世の外に逍遥しているから、権勢ある者の力は及ばないし、敵から狙われることもないのである。病を得てまさに死なんとする時に至って、高い冠をかぶり広い立派な帯を巻き、ついに乱世にありながら身体の一部をも損なわれなかった人となられたのだから、賢でないことがあろうか。また幸いでないことがあろうか。

徳ある者が自ら果報を得ることがなければ、その子孫たちに必ず果報がある(5)、と聞いている。今、先生の賢と才とは、その先祖から受け継ぎえたものであり、浙江省にて解元に当選され、声望の蔚然たるものがあるのは、先祖が百年にわたって徳を積まれ、今まさに興らんとする機に当たっているからに違いない。

しかしながら、先生もまた今や常に酒を豪快に飲み、絵を描くのに巧みになっておられる。少微公はこれで隠れられた。ところがいま先生は、酒と絵により隠れんとしながら、見《あらわ》れんことを求めておられるのは、どういうことなのか。時世が先祖の頃とは違うというので、『易経』で教える身の処し方も違うのだ、と言うのだろうか。ああ、私は先生がどのように隠れ、どのように見《あらわ》れんとされるのかをもって、天下の事を占おうと思う。

手紙のうち一つは厳誠に贈った。上に潘庭筠に贈ったのと同じ言葉を書き、さらにその下には、これを主題とする次のような文章を記した(6)。

何と鉄橋子《あなた》は好学なのでしょう。有益な一言(7)を聞きたいと思われることは、まるで食べ物に対して身体《からだ》が求める嗜好や欲望と同じです。私は東国へ帰らんとしてお二人と別れるにあたり、それぞれに言葉をお贈りしました。これは潘庭筠さんに贈った言葉です。鉄橋子《あなた》はその言葉がすこぶる切実でずばりと言ってのけたものであるからと言って、私にもう一枚書いてくれるようにと求め、この中から自分にも役立つ所をとろうとされました。これはまるで、身体《からだ》が求めるようなものと言うべきです。

しかし私の言葉は陳腐なものです。そもそも人は、誰でも言うことは言えるのですが、実行できないのが問題です。有益な言葉を好みながら、これを実行できないのでは、有益な言葉を好んでいるなどと言えましょうか。これからすれば、有益な言葉を好んでしかも実行できたら、その有益な言葉を好むことはいよいよ切実なものとなりますし、有益な言葉を好むのがいよいよ切実になれば、これを実行するにも一層努力することになります。このようであれば、天下の有益な言葉を言う者のところへは、千里をも軽々越えて、みん

なやって来るに違いありません。頑張ってください。(8)

使いの者がもどってきた。陸飛の返信には次のようにあった。(9)

陸飛が啓上いたします。

先頃、お送りくださった扇子四本を受け取りました。また私の方では、南方から来た者から南京の扇子五本を求め、すべてに絵を描《か》き、これに詩を書き添えましたが、草卒の間に描きなぐったもので、出来ばえは問題外です。今、あわせてお送りしますので、お分けください。

私どもが今回偶然に出会ったのは、その奇なること、もちろん言うまでもありません。ただ面と向かって顔を合わせる奇は、会わぬうちからあれこれ相手のことを思いめぐらす奇の方がさらに奇であるのに及びません。湛軒さんと養虚さんにおかれては、会うと突然お一人は私を弟とし、お一人は私を兄とされました。この生この世にては、生きる者は生き死ぬ者は死んでゆく。生涯二度と会えはせぬ者を薄暗くて見定めかねるこの世の足手まとい（兄弟）にするとは、この世にまたとない痴《あほう》(10)ではありませんか。

ただこれまで、力のある者と交わり、利のために一緒になり、多くは非難されても笑われても顧みることもなく、一時《いっとき》の間だけは引き離すこともできぬ間柄となり、名声の揚がらんことを追い求めて、また往々にして千里を遠しとせずにプレゼントをし、たがいに結んでその時限りの虚談に花を咲かせてきました。いま私どもははるかかなたに隔てられ、彼これ求めることはありません。力もなく利もなく、声は聞こえず名は揚がりません。顔を合わせても合わせなくても、いつも心は一つです。喜んだかと思うとすぐまた悲しむことは、言葉では表現できません。

養虚さんと湛軒さんはまた、時々学問をもって励まされました。養虚さんが「驕」字について論じられたこと、湛軒さんが人の功業と心のあり様との区別を講じられたことは、その一語一語が不朽であり、遠い後世にまで伝える価値があります。

今まさに別れんとするにあたり、寂しく一人ぼっちになってしまう思いは、尋常の寂しさに比べて、きっと十倍にもなるに違いありません。ああ、ああ！　使節の車が旅立つのは、あと一日を隔てるのみです。あなた方は旅仕度を整え、様々なことを処理せねばならぬでしょうし、私どもも来客が毎日多く、途切れることがありません。私どもと同じ生き方をする者は、我々の会う様を見てその奇に驚き、あるいは一緒に高論をお聞きしたく思うでしょう。また生き方が違う者は、遠い外国人を追い求めて近い付き合いを逆にないがしろにする、と多く怪訝《けげん》(11)に思うでしょう。千別も万別も、結局は一別にほかなりません。かの仏氏の法を学び、棒喝を痛下し、金剛慧剣(12)をもって情腸を割断せざるを得ません。かくなる上は二度とこの旅寓にお越しになるには及びませんし、この無窮の憾《うらみ》を心にとどめ、無窮の思いを心となして、それでよし、であります。

ここまで書き至って、お使いの者が何度もやって来ます。書く手は混乱を極め、文を作りかつ詩を作っております。しかしながら異光が部屋を満たしているのを感じており、この霊妙さを口では言い表せません。ただ額《ぬか》ずいて礼し賛嘆するのみです。

万里の果てから来られた心知る方に対して、疲れたとは申しません。ただ昨夜は、三鼓までには扇子に絵を描き終えられませんでした。今日は朝早くからまた来客が騒がしく、実に困憊せざるをえません。先に三人の閣下のお手紙をいただいておりますが、いま各先生への手紙をそれぞれの方に書くことができません。どうぞ私の労苦を思われ、傲慢だ手抜きだと責められませんように。紙は短いのに情は長く、一万一千の語をもってしても尽くせません。紙を目前にして、黯然の至りであります。

四本の扇子は三大人と私とが朝鮮のものを送って、絵を描いてくれるように求めたものである(13)。南京の扇子五本は、三人の閣下と、私および金在行とに分送したものであった。私に与えた朝鮮の扇子には、絵の主題を語る詩として次のように書かれていた。

参星と商星とは決して出会うことがない(14)のに、万古にわたって常に悠々としている。

この道理を語らんとして、先に涙をこらえている自分を見出すだけだ。
立ち去られた後、不朽の著作をお書きになるに違いないが、
別離に当たっての愁《うれ》いについて、私にやすやすと書かせないでください。

南京の扇子には、いくつかの叢《むれ》をなす竹が描いてあり、その題詩として次のような詩が書かれていた。

雨を得てはいよいよ美しく輝き、雪をかぶってはさらに清絶となる。
老いに至っても柯《くき》を改めることなく、柯《くき》の真ん中は虚《から》だがすがすがしくも高い節操を表している。(15)

厳誠の返信には、次のようにあった。
俗気がまるで蝟《はりねずみ》のように総立ちです。(16) 一刻も心安らかな時とてなく、苦しさは名状しがたいほどです。
今ちょうど手紙を書いて別れを述べようと思っておりましたところ、使いの者が来ました。玉のごときお手紙を拝受し、感謝にたえません。使いの者が帰ろうとしてせわしく、手紙も書き終えておりませんうえに、帖冊の絵も二幅まだ描き終えておらず、さらにはお

客が次々にやって来てまといつきます。明日の朝、使いの者をもう一度寄こしていただきたく、そこであれこれ申したく存じます。ほかに書くべき言葉は陸飛さんの手紙に書いてあります。不贅。

潘庭筠の返信には、次のようにあった。

ご健勝にて日々をお過ごしのことと存じます。帖冊は描きなぐりで、ご下命に対して申し訳ないこと、この上なしです。今ちょうど難儀なことが重なり、詳しく御返事する時間がありません。別の手紙にて申し上げます。不具。

使いに行って来た召使いが言うには、多くの来客ではなはだ騒がしく、何とか返事をもらって帰って来た、とのことであった。潘庭筠の帖冊も来なかった[17]。思うに試験の期日が目の前にせまり、様々にすべきことが繁雑を極めているのである。金在行と二人で行って帰るなら、あちらもこちらも大いに不便である。ただ陸飛は年長でかつ本性豪快なところがあるなので、正直に言ってのける決断ができたのだが、厳誠と潘庭筠の二人はこの言葉を発するに忍びなかったものに違いない。

二月二十九日

少しでも晩くなれば、来客で騒がしくなるうえに、明日は出発することでもあると気にかかり、この日は開門がやや早かったので、日がまだ昇らないうちから召使いを送った。彼に手紙を受け取らせ、かつはあちらの召使いを一人同行してこさせることにした。これまでのお礼をしようと思ったからである。召使いは正午を過ぎてももどらなかった。そこで先に手紙を書いて待つことにした。

陸飛への手紙には次のように言う。

弟《わたし》は明日出発して東へ帰ります。これ以後老兄《あなた》のお顔を見ることはありません。しかしながら、私はすでに老兄《あなた》の心を獲たのです。生涯にわたって顔を見ながらその心を獲ることがないのより、この方がずっとよいではありませんか。微笑《ほほえ》みを浮かべて(1)車に乗り込み、恨むところはございません。「二度とお越しになるには及びません」とのお諭《さと》し、私どもも本当はそう考えましたが、情根に迷い、進むことを知りながら退くことを知りませんでした。老兄《あなた》がすっぱりと断ち切る勇気をお持ちなこと、ここに十分見てとれ、最も讃嘆にたえません。一万字や二万字の手紙をもってして、(2)何でこの思いを尽くせましょう。ただ願わくは、老兄《あなた》におかれては過《あやま》ちは日々に寡《すく》なく、徳は日々に尊くされ、小道に泥《なず》むことなく、科挙や官僚に齷齪することなく、わが道に幸せをもたらされ、かくして遠くから望む私の思いを慰めてくださいますように。暗黙のうちにご理解いただけますよう、切に願います。

かつ、先頃お贈りいただいた両面の詩と絵は、多くの貨幣(3)をくださったのにも勝ります。竹を咏《よ》まれた一節は、いよいよそれとなく諭さんとする意図を現しております。私は常に反省して自ら勉めなくてよいでしょうか。

厳誠に与えた手紙には次のように言う。

洪大容が啓上いたします。

これよりお別れです。手紙はもう通じません。これを悲しまずにおれましょうか。今日には時間を見つけておうかがいし別れを告げようと思っておりましたが、昨日、陸飛兄のお手紙をいただき、その情誼の厚いこと、その悲しみの切なること、この上ないにもかかわらず、もう自分とは会わない、と決断されたことがわかってきました。どうお考えでしょうか(4)。どうお考えでしょうか。

朝に兄弟の契りを交わしたかと思うと、暮には道を行く見知らぬ人となるとは、市中《まち》の軽薄児がやることです。これは私の大いに懼《おそ》れるところです。一別したら後は忘れ去り、相手のために言ったことも役に立ててもらえないのなら、たがいに道を行く見知らぬ人と見なすのと変わりません。賢弟《あなた》とたがいに努力せんことを願います。

一つお目にかかって申そうと思っていたことがありますが、今はもうできなくなりました。ここで簡単に申します。

お見受けしたところ、賢弟《あなた》の道徳と度量とは、ものごとを受容することには長《た》けておりますが、辛抱することには不十分なところがあるようです。善を好むこと、もとよりやむことがありませんが、悪を憎むことはゆき過ぎているかに見えます。他人の善くない点を見ると、その事物がそれぞれ自《おのず》らその事物である、とはさせておくことができない⑤ようです。しかしできれば内省を加えられ、この欠点があれば改めればよいのですし、なければさらに努力されたらよいのです。切に切に徳を日に日に新たにされ⑥、百福を受けられんことを祈ります。

潘庭筠に与えた手紙には、次のように言う。

蘭公足下へ。

天は私どもを生み、八千里の外に分置しました。幸いにも因縁が絶妙に重なり合い、数十日間にわたって楽しみを極めました。今いざ帰らんとするのに、また何の恨むところがありましょう。ただ潘庭筠様におかれては、ご自愛されますように。もしお忘れにならなければ、できれば私の顔を思い出さずに私の言葉を思い出してください。もしかして私の言葉にとるべきところがあるのなら、朝に会い暮に会うのと何の違いがありましょう。

また一策があります。人はただ夢の中でだけ魂が身体から離れ、遠い近いもなく、会っても人から怪しまれることはありません。このやり方に託して、常に枕もとで会うというのも、またうまいやり方です。不宣。


手紙を書き終えたら使いの者が戻ってきた。厳誠の手紙には次のように言う。(7)

弟厳誠が再拝して、湛軒長兄の足下に申し上げます。

昨日は所用で出かけており、お手紙をもって遠く陋居までを輝かせていただきながら、ご返事するに及ばず、心より申し訳なく思います。

私があなたを兄としてお仕えし、あなたが私を弟として養うことをお許しいただき、古風な高義を今日、改めて見るに至りました。幸いなること甚だし、であります。お訓《おし》えの言葉は深く厚く、私に期待されるところは至って遠く、至って大きなものがあります。何で敬い従わずにおれましょうか。

わたくし厳誠は幼い時から学問をする機会を失い、六、七歳で郷里の塾へ入りましたものの、嬉々として遊び戯れること、普通の子供と変わりませんでした。やや長じてやっと読書を知りましたが、科挙の勉強に専念しておりました。また自分は生まれながら能力があり、そんなに馬鹿でもないと自ら恃《たの》み、多くの書物をパラパラと読み漁るだけで、まるで猟師か漁師と同じでした。このため学問的な基礎は薄っぺらで、今にしてこれを思えば残念だと思わぬことはありません。

二十数歳になって、次第に人間はどうあるべきかという義理の学を知るようになり、宋学の書(8)を好んで読み、やっと聖賢の道に志すようになりました。しかしながら先生もなく一緒に学びあう友もいないため、見解が田舎っぽくて情報に乏しく、外に出ても一人ぼっちで行き場なく、同志がほとんどおりませんでした。加えて、進もうとする志は堅固ならず、欲望はなかなか鎮《おさ》まりません。しかと捕らえて自在に操ろう(9)とする時には、わが心はここにはありますが、手を放すとどこかへ行ってしまいますし、はっきりしたかと思うとたちまちぼんやり暗くなります。しかしなお幸いにも、生まれつきの資質は〝下愚〟というもうどうしようもないほど愚かなものではありませんでしたので、時に後悔したり悟ったりして自ら克《か》つことができましたため、完全に本性を没し去るまでには至りませんでしたが、しかしまた、ふらふらと時のみ無益にすごし、ついに成就《じょうじゅ》するまでに至りませんでした。

二十九歳の時、大病を半年患《わずら》いました。困苦の中で大いに得るところがありました。このため死に瀕すること二回にわたりましたが、心は炯々として輝き、ほぼ覚るところがありました。病気の後に自ら二句を作って寝室に掲げました。二句とは「心を存するとは要するに雷を聞く日に似ている」、「どこに在っても常に呼吸が止まる時である」です。また「懲忿（怒らないよう）、窒慾（欲を抑えるよう）、矯軽（軽々しい態度をとらないよう）、警惰（怠けないよう）」という八文字を書斎に大書して自ら警《いまし》めました。わたくし厳誠の心の用い方は、世俗の知識人のやり方といささか違っていると思います。今常に自らを点検しますに、大悪といったものはありません。ただ口による過ちはいつも自覚できるとはかぎりませんから、常に「口容止《とど》まる」(11)の三字を心に思い浮かべるようにしております。また平生、適度なところを過《こ》えて人情に従ってしまい、優柔不断であるなど、この心に欠点なところが少なくありません。

厳誠は交遊も少なくありませんが、この種の学問を究明し、これによってたがいに助け合い、人格の完成に向かおうとする者を求めるとなると、寥々たるものです。今幸いに科挙で名を揚げて北京まで来遊し、あなたと交わりを結ぶことができました。あなたの学問を見ますと、あなたを有益な友となしうるだけでなく、名師ともなしうることがわかります。あなたを好みあなたを重んじ、心から喜んで厳誠は心服いたします。すなわち科挙で名が揚がったことが喜ぶに足るのではなく、これにかりてあなたと交わりえたことが大きな喜びなのです。

あなたはかつて、わたくし厳誠が過情なことを賞讃して許容している、と不満に思われました。わたくし厳誠は、そんじょそこらの者らと同じではありません。ただあなたがつまらぬ私に、大いに益を与えてくださるのを知るのみです。わたくし厳誠が振る舞いは軽率であるのに対し、あなたが方正厳粛であられること、まことに敬って見習うに足るものと思っております。わたくし厳誠は言葉遣いが軽率で出鱈目《でたらめ》であるのに対し、あなたが慎重で寡黙であられること、まことに先生として手本とするに足るものと思っております。また立派な訓《おし》えをあれこれと承り、訓《おし》えの言葉を好むのであれば必ずこれを実行すべきである、と励ましてくださいました。これは我々のような心で付き合う付き合い方に背かぬものです。これをどんなたぐいの者に求めて、簡単に得られるでしょうか。かつわたくし厳誠は、あなたが漫然と無意味なことをおっしゃる方ではない、と重々承知しておりますが、たとえあなたが漫然と無意味なことをおっしゃったとしても、一字一字がまるで飢饉の年のお米のようで、わたくし厳誠の身と心において、終身用いることのできるところがあります。かつ人は遠いところのものを貴び、近いところのものを軽視するものです。かりにこの言葉が身近な者の口から出たものであったとしても、その述べた言葉を棄てたりしませんが、この言葉が万里を隔て生涯二度と会えない人の口から出たとなれば、それが宝のように貴く好ましく重要であること、またいかばかりでしょう。そもそも宝のように貴く好ましく重要なのですから、この言葉をいつも目の前に置くなら、私の身と心に有益であることは、言うまでもありません。身と心に益があるのですから、私が仁《いつくしみ》深い人から頂きものをしたことは、ちっぽけなものではありません。これはまったく、この厳誡にとって畢生の大幸です。

わたくし厳誡があなたに申したいこと、万字の言葉を重ねたとしても尽くせません。昨日、使いの者がやって来た時は、この手紙は数行書いてあっただけでしたし、その後も続いて書いておりませんでした。俗事が紛々として至り、これもうっちゃらかしておくこともできませんので、眠りに就いた時刻はすでに夜明け前の五更（四時頃）になっておりました。先ほど使いの者がやって来て、草卒の間に書き終え、つまらぬ思いをほぼ尽くしました。別れに臨んでの惜別の言葉については、我々は今まさに、聖賢豪傑をもってあい期待するのですから、つまらぬことを細々申しません。将来ただ、各々成就するところあらんと期するのみです(13)。遠く万里の外にあるとはいえ、朝夕に膝を接するよりはるかに近いところにおります。そうでなければ、終日群をなして一緒にいたとしても、何になるのでしょうか。とはいえ、これまた傷心の人が、人から笑われることに対して、少し言い訳しているだけであること、多く申しあげる必要もありません。別れに当たって、途切れることのない思いがいかほどか、知己として私をご存じの方なら、ただ黙ってご理解ください。

風に臨んで、不備。

潘庭筠の手紙には、次のように言う。

ついに永訣するのでしょうか。ついに二度とお会いできないのでしょうか。肝も腸《はらわた》も断ち切れんばかりなのに、なぜ切れないのでしょう。我々の交際がまだ深くなく、永訣の苦しみがなおそれほど悲惨ではない、とでもいうのでしょうか。

あなたはかつて「将来それぞれに成就するところがあるだろうが、相手がどんな人物か見定めた確かな目に、みな背《そむ》いてはいけない」とお諭しになりました。永遠に会うことがなくなったとしても、ないとはいえ、後悔しないように期待されたからです。そうだとすれば交際の深さと別れの苦しさとは、期待される切実さ、希望される高さと比べるならば、その軽重に差がありますが、将来徳を敗《そこな》い正しい行いをせずに、深く良友に背いたなら、かりに将来たがいに会ったとしても、どんな顔ができましょう。将来、行いに励み名を立て、古人に恥じることがなければ、かりにもう一度生まれて会うことがなくても、また何を恨みに思いましょうか。

天涯のように遠く隔てた人が、涕《なみだ》を破って笑いとせんとするに際して、また何で交際の深さや別れの苦しさなどをあれこれ言いましょうか。

とはいえ、交際はまことに深いものでありましたし、別れはまことに苦しいものがあります。肝と腸とが今日断ち切れることがなくても、明日必ずや切れましょう。たとえ今日明日以後も長く断ち切れないとしても、偶然の幸いにすぎません。断ち切れる可能性は、まだ残っています。ああ、また何をか言わんや、です。

鴨緑江は水急ならん、千万も自重せられよ。不具。


二つの画帖はともに手紙と一緒にもどって来た。一つは潘庭筠さんの書画であり、そのうち二幅は陸飛さんの筆であった。一つはすべて厳誠さんの作であった。召使いが言うには、陸飛さんは無理をしていつものように話し笑っていたとのこと、厳誠さんと潘庭筠さんは、手紙を書き終えると椅子に坐り、あい対して心を痛めていたとか。彼もそれを見て我知らず涙を流していたという。(15)

潘庭筠さんの召使いで、唐という姓の者がついて来た。私は手を高く挙げて挨拶し、礼をもって接待し、私と別に食事をとらせた。手紙はすでに封をして置いてあったので、いくつかの字を封筒の上に簡単に書き付けたうえで、唐姓なる者の懐中へ納めさせた。私は扇子一本を与え、金在行は清心丸一つぶを与えて送り出した。これですべて終わった。

帰路、召使いは次のようなことを言った。

かつて乾浄衕へ行ったところ、唐姓という召使いらが一つの画帖を取り出してきて示した。画帖には我々の像《すがた》が描かれており、すべて見事なまでに似ており、一見するや誰であるかすぐにわかった。彼がこれは何のために描いたのかと尋ねたところ、「ご主人様がこれを描き、帰ってから後でとくと見て、偲《しの》ぶための縁《よすが》とされるのだ」と答えたとのことであった。

元重挙による跋文

癸未の年（一七六三、乾隆二十八、英祖三十九年）、私は書記に充てられ、通信使に従って日本へ行った。対馬から江戸へ行くのに、水陸合わせて四千里を合計十ヶ月かけて帰った(1)。筆をもって言葉に代え、問われるがままに応答した者は数千人、詩を唱和した者は千人余りであった。

日本人(2)は大げさにすること(3)を好む。通信のために国に入った者は、文章の美しさとその遣りとりの多さを競うという弊風を、歴代にわたって疑いなく受け継いでいる。徳川家が太平の世を享《う》けることは二百年に及ばんとし、海は戦争がないので穏やかであるうえ、人口は多く物資は豊富である。長崎から書物が通じ、未開な地にも目鼻がそろうようになった。[4] このため自ら作った文章を持って我々の宿舎へやって来る者は、一席で三百人以上にのぼることがあり、その詩その文その質問項目その筆談は、一人で数十枚に至ることもある。私は言葉を誠実にし行動を謙虚にすべきだ[5]ということ、威儀や言葉を慎むべきだということを聞かぬわけではないが、まことに応酬に疲れ果て、自ら点検し自ら摂制する余裕がなかった。

ああ、かの地は山河数千里の国であり、海外に日月があるのを知らない。通信使がやって来たと聞くや、志あり文章ができる者はみな立派な衣服を着て襟《えり》を正し、沿路の宿舎へ集結する。ぎっしりとして多い[6]と言うべきである。その中には必ずや傑物もいたのであろうが、わが鑑識眼からしてみれば、『春秋左氏伝』にいう晋の叔向が鄭に使いした時、一目見てへりくだったような人物[7]はあまりいなかった。ただ眼中に宿る風情がその胸の内をありありと映し出す者といえば、寥々たるものであり、竺常大典[8]・瀧鶴台[9]・近藤篤[10]・細合斗南[11]などわずか数人であった。空のはて雲のはてを想うたびに、ああもっと付き合えたらと残念に思い、次いでは慕わしく思って悲しまないことはなかった。

この『乾浄筆談』[12]二冊は、洪大容湛軒先生が北京で記したものである。湛軒は温厚な外貌と方正不羈な節操を持ち、真心《まごころ》からの修業によってその心身を養い、心は外界の事がらに対して周到にゆきとどき[13]、学は一貫して道理にもとづくが、ここに古えを弔《とむら》わんとする志から、一《ひと》たび中国を覧《み》てみんとして、乙酉の年（一七六五）に叔父である参議公が正月元旦を賀《いわ》う儀式に出席する旅行をするのに従い、ついに北京の街中で通訳官[14]の言葉からたぐりだし、はじめに潘庭筠と厳誠を得、次いで陸飛を得、二巻に及ぶ話を生みだした。不動の正しさをもととしながら俗を離れず[15]、雅《みやび》であっても古えはよかったとばかり言うのではなく、笑いを交えくつろいで語りあった結果、本当の道理に行きつき、切々と規範に則って励ましながらも、風流気韻を失わなかった。細々したことを詳しく書き記してまるで世間話のように仕立てたのは、読む者それぞれに心の目をそこに向かわせ、あたかも唱酬の席に自分も行ってきたかのように思わせることによって、将来、外国へ行った時の交際に役立たせようとしたからである[16]。

私が南から帰ったのは甲申の年（一七六四）であり、この記録が作られたのは実にその翌年である。私がこの書を読んでいると、雲をはらんだ船の帆を落とし、車を走らせていた様が恍惚として思い出され、竺常大典や瀧鶴台を背にして潘庭筠や陸飛と対座し、にっこり笑いながら[17]書斎や茶室の中で、筆を揮《ふる》っているかのごとき錯覚に陥る。思うに、潘庭筠や陸飛の気性が正しく嘘偽りないことと、竺常大典や瀧鶴台が沈着荘重であることとは、各々その軌を一にし、その肝胆を吐露し真心の愛に溢れて和《なご》やかなこととは、ほとんど同じである。その別れにあたっては涕《なみだ》を揮い、暗澹たる思いで情に牽かれ、各々自然と恋しく結ばれるのは、天の南、天の北においてこれまた同じである。違いといえば、私の竺常大典や瀧鶴台に対する対処の仕方が、洪大容の潘庭筠や陸飛に対する接し方に及ばなかったことである。その筆談を重ねた紙は、竺常大典や瀧鶴台に持ってゆかれてしまい、今となってはぼんやりしてその一つ二つも憶えていない。これがこの書を読んだ日に、残念に思い恨めしく思った理由である。後人がこれから南へ行き北へ行くにあたって、この書を目にしてとるべきところ捨てるべきところを審《つまび》らか(18)にできたとすれば、『乾浄筆談』がその助けとなるのはきっと広いことであろう。

以上、巻末に書き付け、拝して湛軒翁にお返し申し上げる。

(20)時に壬辰（一七七二、乾隆三十七、英祖四十八年）五月十三日。原城(19)の元重挙、字《あざな》は子才が記す。

注

二月十七日

（1）『乾浄衕筆談』ではこの後ろに長文が入る。そのうち以下には、潘庭筠の従僕と洪大容の会話の部分のみ訳す。会話部分はすべて口語体である。

　潘庭筠の召使いは大いに年をとっていたが、私が「北京へ来たのは何度目ですか」と訊くと、「初めてです」との答え、「ご主人が初めてで、あなたも初めて来たのですか」と訊くと「そうです」との答えであった。私が「あなたは初めてでも、あなたの話す言葉はちょっとわかります。あなたのご主人の話す言葉はというと、一言も聴き取れません」と言うと老僕は大笑いした。私はまた（厳誠と潘庭筠の）二人に向かって、「北京の人はね、その人の話す言葉は私にはわかりますし、私が話す言葉も彼らにはわかります。お二人が話す言葉はほんとにまったくわかりません」と言ったのだが、二人とも聴き取れなかった。老僕は聴き取ることができ、私の言葉をさらに説明したので、二人はやっとわかった。厳誠は「南蛮鴃舌《げきぜつ》の人（南の野蛮人がモズのようにわめき散らして、何を言ってるのかさっぱりわからぬ人）だ」と笑って言ったが、私にも聴き取れ笑った。

（2）八詠詩は、第1巻五五頁以下に記す、洪大容「八景小識」に対応する。この文章の前には、『乾浄筆譚』と『乾浄衕筆談』にともにない、次のような文章が『乾浄衕会友録』にのみ見える。

潘庭筠は「承りましたところでは、朝鮮はおおよそのところで非常によいようです。聞くところでは、朝鮮の官僚が地方へ赴任する時、妻や妾を連れて行かず、赴任した後で統治下の女に夜とぎをさせ、離任の後は現地の女を連れて帰らないと申します。子供が生まれたら、必ずお金を払って連れて帰るということですが、本当でしょうか」と尋ねた。私は「地方官はみな妻や妾を連れて行きます。ただ遠辺の地でだけは妾を連れて行くことを許します。あなたがおっしゃる夜とぎをさせる云々とは、これは官妓です。子供が生まれたらみな、金で買いもどして連れ帰ります。ただ貧しい者は費用がかかるため、時にはこれができないことがあります」と答えた。潘庭筠は「士人であれば官妓を近づけることができぬとは、何とまた高級官僚に寛大で、士人に対しては厳しいことでしょう」と言った。厳誠が「好色な者の言葉は、いつもこればっかりですね」と言うと、みんな笑った。私は「士人でもやっていけないことはないのですが、自分の品行に気をつける者はしないのです」と言った。

（3）『礼記』楽記の注によれば、煮る工程を経た琴絃のことで、濁った素朴な音が出るという。

（4）原文「常惺惺」。宋の謝良佐は「敬とは常惺惺の法」と説いた（『上蔡語録』巻中）。また第1巻二〇九頁、注(36)参照。

（5）『荘子』秋水篇に見える、儵魚《やまめ》が自由に泳ぐ様を見た時に、荘子と恵子の間で交わされた会話。荘子がこれぞ魚の楽しみだと言ったのに対して、恵子が子《あなた》は魚でもないのに、何で魚の楽しみを知り得ようと答えた。荘子はこれに対して、子《あなた》は我《わたし》でもないのに、何で我が魚の楽しみを知らないと知りうるのか、と言ったという。

（6）原文「略彴《りゃくしゃく》」。韓国銀行本、奎章閣A本で略約《りゃくしゃく》と作るが、湛軒書本、奎章閣B本、延世大学本、東洋文庫本では略彴と作る。これによる。

（7）原文「岳蓮」。華山は陝西省にある名山。山頂には蓮の花があり、花が開けば十丈（三十メートル）になるという（韓愈『韓昌黎集』巻三、古意）。

（8）木蘭《もくれん》は香りよく、しかも巨木となるのでこれで船を造る。「木蘭花を羨む」の語が、范仲淹『范文正公集』巻四、木蘭堂に見える。

（9）羲和は一人の人名とも二つの家系ともされ、堯が天文を観測させ暦法を作らせたという。常儀は太古の皇帝である黄帝の臣下といい、月を彼に占わせたという。

（10）原文「拘虚子」。底本と奎章閣A本で拘虚子と作るが、湛軒書本、奎章閣B本、延世大学本、東洋文庫本では拘墟子と作る。『荘子』秋水篇では、井戸の中の鼃《かえる》は「虚に拘《とら》われて」狭い穴しか知らず、大海を語れない、と揶揄される。もちろんここでは洪大容のこと。

（11）原文「居易俟命」。『中庸』に「君子は易に居りて命を俟《ま》ち、小人は険を行いて幸を徼《もと》む」とある。

（12）『厳鉄橋全集』第五冊にこの後、厳誠（鉄橋）原注とし、次のように記す。「洪大容はこの詩を見て大いに疑問とした。私は彼に、むかし朱子は韓侂冑《かんたくちゅう》を攻撃する上奏をしようとしたが、遯《とん》（逃げよ）という卦が出てきたのでやめたと言う。だから『礼記』（少儀）に「（占いで求めるのが）正しいことだと考えるなら、もう一度占ってもよい。個人的な都合で占うのなら、二回も占うのはよくない」と言っているのだ。晋の顔含も「もともと天命（性命）があるのだから、占いのような面倒なことは必要ない」（『晋書』顔含伝）と言ったことがある、と言った」。

（13）原文「学者志於彀」。『孟子』告子上、「羿《げい》の人に射を教うるには、必ず彀《やごろ》に志し、学ぶ者もまた必ず彀に志す」。

（14）原文「審固」。『礼記』射義、「内には志正しく、外には体直《なお》くす。然る後、弓矢を持つことを審固にし、弓矢を持つこと審固にして、然る後に以て中《あた》ると言うべし」。

（15）原文「反其身」。『中庸』、「子曰く、射は君子に似たること有り。諸《こ》れを正鵠《せいこく》に失すれば、反《かえ》って諸《こ》れを其の身に求む」。

（16）原文「直内而方外」。『易』坤に、「君子は敬《けい》以て内を直《なお》くし、義《ぎ》以て外を方《ほう》にす」。

（17）この部分が、注(12)に対応すると考えられる。

（18）典拠は未詳。あるいは『朱子語類』巻一〇七に見える、長孺（汪徳輔）が「先生は邵堯夫《しょうぎょうふ》（邵雍）の先知の術を習得する必要があるか」と朱子に問うたことへの答えを示すか。

（19）原文「立賢無方」。『孟子』離婁下。

（20）車柱環『朝鮮の道教』（三浦國雄・野崎充彦訳、人文書院、一九九〇）によれば、朝鮮にも道教は伝わっていた。高句麗や新羅時代には間違いなく伝わっており、高麗時代には国家の庇護を受け、朝鮮時代でも初めは庇護を受けた。功過格は民衆道教であるが、本書二七一頁、注(56)で記すように、これは十六世紀から十八世紀にかけて、朝鮮へも伝えられた。

（21）原文「頭巾気」。『乾浄衕会友録』では、ここで洪大容が「頭巾とはどういうことか」と尋ねたのに対して、潘庭筠は「秀才（生員）のかぶる頭巾で、迂儒（実生活には何の役にも立たぬ知識人）のことだ」と答えている。

(22) 天妃とはもと、福建省莆田県の林氏の女であるといい、とくに航海の守り神として中国沿岸部を中心に広く信仰された。媽祖《まそ》とも呼ばれる。彼女に対する信仰は北宋時代から始まり、明州（寧波）から高麗へ派遣された使節が難破を免れたのも、その霊験によるとされる。国家から天妃という称号が与えられたのは元代に始まり、天后という称号が与えられたのは、清代康熙年間のことである。

(23) 原文「回々人」をイスラム教を信じる人とすれば、彼らが多く天妃を信仰しているというのは、それ自身矛盾である。また天妃が黄河の神であるとするのも、おそらくは誤りであり、何にもとづくか不明（李献璋『媽祖信仰の研究』泰山文物社、一九七九）。朴趾源『熱河日記』（上海書店出版社、一九九七、三五〇頁）でも、おそらくは潘庭筠によるこの発言にもとづき、天妃は黄河の神であると俗に伝えられ、回々の人々が多くこの教えに入っているとのことだ、と記す。

(24) 西暦で一七二四年、中国暦で雍正元年にキリスト教（天主教）の禁令が出され、以後、清末一八五八（咸豊八）年に天津条約によってキリスト教布教の自由が認められるまで続いた（『清実録』雍正元年十二月壬戌）。

(25) 『湛軒燕記』巻三、東天主堂によれば、天主堂には四堂あるが、南堂と北堂は聞いたことがない、イエズス会宣教師劉・鮑は西堂にいる、という。東堂へは正月二十四日に訪れている。ところが巻一、劉鮑問答では正月八日に「南堂」へ行き、イエズス会宣教師劉松齢（A. von Hallerstein）・鮑友官（鮑友管、A. Gogeisl）と問答したと記しており、日付および西堂と南堂に混乱が見られる。洪大容が訪れた南堂とは、宣武門内のそれ。ハングル本『乙丙燕行録』では正月九日に訪問したと記し、これが正しい。

（26）のちに上帝を意味する天の主宰者としての帝の字は、殷代の甲骨文にすでに見える。マテオ＝リッチ『天主実義』では、カトリックの天主と中国の上帝が同じであると論ずる。

（27）明末清初の文人。字は受之、号は牧斎、江蘇省常熟の人。王世貞らの古文辞学を批判して文壇を主宰、政治的には東林党に属し、礼部侍郎などとなったが不遇であった。明朝滅亡後の南明政権では礼部尚書となりながら、清軍が江南を平定した時にはこれを迎えて投降し、清に仕えた。一七六九（乾隆三十四）年に乾隆帝の命によりその著書は発禁処分となった。彼が明と清の両朝に仕えたいわゆる弐臣である、と乾隆帝によって非難され始めたのは、すでに一七六一（乾隆二十六）年十一月のことであり、この筆談が交わされる五年前である。その後、朝鮮には一七七〇（乾隆三十五、英祖四十六）年に、乾隆帝が改めて発した銭謙益非難と彼の著作を焼却せよとの上諭が伝えられている（黄胤錫『頤斎乱稿』二月十九日および『同文彙考』補編、巻五、使臣別単）。文集に『初学集』『有学集』、明詩集成として『列朝詩集』、杜甫詩注釈書として『杜工部集箋注』がある。愛妾である柳如是との関係でも有名。洪大容は正月二十六日にも、『牧斎続集』の有無を尋ねている（『湛軒燕記』巻一、蔣周問答）。

（28）原文「知幾」。『易』繫辞下に、孔子が「幾《きざし》を知るは其《そ》れ神か」と言ったとする。君子は予兆を見定めねばならない。

（29）銭謙益を浪子とあだ名しているのは『東林点将録』。彼を天巧星、浪子、左春坊左諭徳銭謙益と記す。『東林点将録』は、反東林党の者が東林党人の一人一人を『水滸伝』に登場する豪傑＝無頼に見たて、あだ名を付けたもの。天巧星、浪子とは『水滸伝』に登場する燕青のあだ名。

（30）原文「要是可惜人」。ただスンシル（崇実）大学蔵『乾浄衕会友録』と『乾浄衕筆談』では「要是国家可惜人」とする。これであれば「国家として惜しむべき人」。

（31）原文「反上落下之人」。ただ『乾浄衕会友録』では「半上落下之人」と読める。反と半は、ハングルで同音。これであれば「中途半端で転落した人」である。

（32）呉偉業、字は駿公、号は梅村、江蘇省太倉州の人。明朝では東宮講読官などとなったが、一六五二（順治九）年に詔勅によって北京へ召し出され、のち国子監祭酒となる。死去に際しては、墓に「詩人呉梅村之墓」とのみ記してくれ、と遺言した。龔鼎孳、字は孝升、号は芝麓、安徽省合肥の人。明朝では兵科給事中となったが、李自成が北京に入城すると投降して仕え、さらに清軍が入城するとこれを迎えて投降し、都察院左都御史、刑部尚書などとなった。一七六九年には、乾隆帝の命によりその諡《おくりな》を削り取られた。ともに『清史稿』巻四八四、文苑伝。

（33）『首楞厳経疏解蒙鈔』六十巻のことであろう。和刻本は十二巻。『楞厳経』の注釈書で、『卍続蔵経』にも収録される。第1巻二〇八頁、注(25)。

（34）以下には『乾浄衕筆談』と『乾浄筆譚』ともに抹消されているが、『乾浄衕会友録』には次のような文章が挿入され、そのまま厳誠の言葉に続く。

潘庭筠は厳誠が言った「毎日これをあんな著述のために消耗していた」という言葉を筆で抹消した。厳誠は、「ただこの言葉がどういうことかと言うと、その人の学問について牧斎には期待しないというだけでなく、人品がさらに汚くて劣っているという点でも、牧斎を恥しく思うところがある、ということです」と言った。潘庭筠は、「学問が及ばないことは、本当にあなたのおっしゃるとおりだとしても、人品がさらに汚くて劣っているとおっしゃるのは、何を見てそうおっしゃるのですか」と言った。厳誠が、「浪子というあだ名からもこれがわかります」と言うと、潘庭筠は、「それなら牧翁（牧斎先生）と呼ぶのと同じです。どうしてこの点でさらに劣っている、などと言えるでしょうか」と言った。厳誠は、「学問がないという点では、おそらく後世の人々でも、あなたのように牧斎のことを牧翁と呼んだりはできないでしょう」と言った。

（35） 枚卜とは占いの方法をも併用した閣僚選び。もと『書経』大禹謨の言葉。崇禎帝はまず廷臣に閣僚候補者を十人ほど推挙させ、彼らの官職名を玉でできた瓶の中に置き、最後は皇帝自らが金の箸でつまみ上げて選んだ。一六二八（崇禎元）年、閣僚入りをねらった銭謙益は、対抗馬である周延儒が同じく推挙されることを阻止したが、反東林党の温体仁は周延儒と手を組んで彼を落とさんとし、「銭謙益はかつて郷試監督官であった時に不正があった」と訴えた。これは翌年、証拠をも取りそろえて崇禎帝自らが裁判官となる、訴訟案件のごときものに発展したので、閣訟と呼ばれる。この結果、周延儒は入閣、銭謙益は獄に繋がれた後、官僚身分を剝奪された。

（36） 『明史』巻三〇八、奸臣伝中の人物。字は長卿、浙江省烏程の人。銭謙益ら東林党一派を追い落とし、崇禎三年に入閣。さらに周延儒を追い落として崇禎六年に宰相。

（37） 『乾浄衕会友録』と『乾浄衕筆談』ではこの後、

潘庭筠はまた「老いぼれ学生のつまらぬ話でして、必要もないのに筆にしました」と言って、全部塗りつぶした。

とあり、厳誠の「すべては云々」の言葉の後に、次のような文章が入る。

私が「お教え、まったくそのとおりです」と言うと、潘庭筠は「私が銭謙益を正しいなどと思うでしょうか」と言った。厳誠が「私たちは筆をもって舌に代えていますから、一日の会話は半日分にあたるだけです。言葉は簡単直截なのがよろしい。潘庭筠さんはあれこれ脈絡もなしに話すのが大好きだから、咬文嚼字（文章を格好よく見せる）するだけで、ほんとにどうしようもない」と言うと、潘庭筠は笑って「これらの言葉はまったく不要です」と言った。

ここで「咬文嚼字」と厳誠が言ったのは、潘庭筠が清朝の禁忌に触れる文字をしばしば自分で書いておきながら、証拠としてこれを残すのは危険なため、後でこの紙を呑み込み嚙《か》み砕いていたことを掛けたものである。

(38) 宋の李若谷の言葉「世間、甚事《なにごと》か忙に因って後に錯了《あやま》たざる」（『宋名臣言行録』後集巻一二）。張観の言葉ともされる。

(39) 関雎は夫婦仲のよいことを歌ったものとされ、また周の文王とその妻とを讃えた歌ともされる。葛覃は貞淑な若妻を歌ったものとされる。第1巻二〇三頁、注(6)。おそらくは二月七日の筆談で、潘庭筠が関雎と葛覃を引き合いに出したことに対する、洪大容のあてこすり。鄭と衛の音楽は、『論語』衛霊公で孔子が「鄭声は淫」と述べ、また衛の音楽も同様に淫猥なものと古来からされる。後注(41)参照。

（40）原文「助桀為虐」。『史記』巻五五、留侯世家。夏の桀は殷の紂《ちゅう》とともに暴君の代名詞。もともと好色な潘庭筠をもっと好色にする。

（41）原文「端冕而臥」。『礼記』楽記に、魏の文侯の言葉として「吾《われ》は端冕して古楽を聴けば、則ちただ臥《ふ》せんことを恐る。鄭衛の音を聴けば、則ち倦《つか》るるを知らず」とある。端冕とは古代帝王や貴族の礼服。

（42）遥とは「はるか」の意味。

（43）原文「得之不得有命」。『孟子』万章上、「孔子は進むに礼を以ってし、退くに義を以てして、之れ（官位）を得ると得ざるとは命有りと曰《い》えり」。

（44）原文「君子之所為、衆人固不識也」。『孟子』告子下。

（45）後漢の左雄の言葉。孝廉として中央へ推挙されてくる者に対して、年齢制限が設けられていたのだが、ある孝廉が年若くして推挙されてきた。左雄は彼に対して、孔子の弟子顔回は一を聞き十を知ると言われているが、孝廉であるお前は一を聞いていくつを知っているか、と問い詰めたという（『後漢書』列伝五一）。孝廉（孝行息子で廉潔な者）とは、漢代における官吏登用法で用いられた肩書き。郡や国という地方単位から、この称号を付けて中央へ推挙した。明清時代では挙人の雅名。

（46）原文「号舎」。郷試と会試では、受験者は一人ずつ奥行き二メートル、横幅一メートルほどの狭い監獄のような個室に入れられ、そこに寝泊まりして答案を書く。

（47）筆談が行われた時に最も近い事例として、一七五二（乾隆十七）年に順天郷試内簾御史（試験採点場監督官）蔡時田がその行李《トランク》から関節二枚を発見され、その二日後に皇帝による即時処刑の命が下り、受験者である挙人本人とともに斬首に処せられたことがある（『清実録』乾隆十七年八月丙申）。

（48）朝鮮での科挙試験では不正が横行したこと、門閥の子弟がその権勢をかさに不正を働いたこと、とくに洪大容が生きた十八世紀ではそうだったことは、第1巻二四二頁、注(34)、李成茂著書、二一一頁以下。洪大容の受け答えとは違って、不正に対する処罰は中国ほど厳しくなかった。

（49）第1巻一八六頁、注(33)参照。呉穎芳は実際、生員となるための試験である童試を受けた時、試験場の小使いにどなられたため、二度と受験しなかったという（『国朝者献類徴初編』巻四三八）。

（50）字は蘊生《うんせい》、号は陶庵、江蘇省嘉定の人。崇禎十六年進士であるが、この年に清軍が嘉定に入り、自殺。引用文「上也元纁束帛以加之、則上重士而士因以自重也。云々」の出典未詳。『陶庵集』『山左筆談』がある。

（51）唐の宗室の子孫李戡《りかん》は、礼部試で小役人から本名をもって点呼され、これを恥じて翌日立ち去った（『新唐書』巻七八）。本名をもってその名を呼べるのは、両親、皇帝、教師などに限られ、普通は字《あざな》などで呼ぶからである。

（52）唐代から宋代にかけて明経科が設けられ、主に経文の暗記を試験した。

（53）普通、両班の子弟が受験する進士科・生員科あるいは文科には、諺文《おんもん》による経文解釈試験はない。これは雑科のうちでも訳科という通訳官となる者を対象とした科目で行われる。この点、洪大容は朝鮮社会が生まれながらの身分制社会であることを、正直には伝えていない。洪大容が生きた当時、雑科には訳科、医科、陰陽科、律科があったが、両班の子弟たちはこれらに応ずるのを避けた。

(54) この後に『乾浄衕会友録』では、潘庭筠の質問を機に、朝鮮で実施される謁聖試についてなされた長文の問答が入る。洪大容は「謁聖試では郷試や□試はなく、テストは一日だけであるから、「科挙の中の手っ取り早いコース」と呼ばれている」などと発言している。

(55) 郷試、会試ともに三次の試験が課せられ、牢獄のような号舎（番号の付いた部屋）に入れられる。うち解答期間は一昼夜である。

(56) 五言または七言の対句を六つ以上、偶数句にして並べた詩。

(57) 朝考は殿試直後の四月二十八日に挙行するのを通例とし、翰林院に残すべき優秀な者を選抜する。

(58) 一甲は状元（トップ合格）、榜眼（二番合格）、探花（三番合格）の三人、二甲は乾隆年間であれば五十名から百名程度、三甲はその下の進士で百五十名程度から二百数十名。

(59) 原文「不如早為之所」。『春秋左氏伝』隠公元年。

(60) 原文「日暮途窮」。杜甫『分門集註杜工部詩』巻一五、投贈哥舒開府翰二十韻。

(61) 知県が行政最末端の長官で、知府は数県を統轄する府の長官。道員は数府を統轄する道の長官。布政使は一省の民政、按察使は一省の裁判、治安をあずかる長官。巡撫は軍事権をも持つ一省の最高長官。総督はさらに数省を兼ねて統治する長官。

（62）『乾浄衕筆談』ではこの後ろに、会試は三月八日にあり、四月五日か六日に合格発表があることを記す。
（63）その時の試験題目と合格者を印刷したもの。
（64）諸本で「買」とするところ、奎章閣A本のみ「売（賣）」と作る。
（65）原文「一挙成名天下聞」。しばしば「十年窓下無人問」（長い間受験勉強をしても、誰も関心を示さない）と対で用いられる。
（66）字は養仲、一七三〇（雍正八）年の探花で一七六三（乾隆二十八）年に東閣大学士となり、この年死去。正確に言えば宰相（首輔大学士）にはなっていない。探花とは殿試で第三位。文集に『矢音集』があるが、ここには以下のような自注は見えない。
（67）いずれのテキストも太清門とするが、正しくは大清門。地図参照。
（68）『乾浄衕筆談』では、以下の文章が続く。
潘庭筠は、「すべての女性はその夫に状元になってくれるようにと頼みます。状元夫人は他の官僚の奥様方と同じではありませんから、何とすばらしいことではありませんか」と言った。私が「自分の考えでは「堂を下らず」（『礼記』喪大記、婦人が客人を送迎する時、堂を降りない）というのが、最も婦人のすばらしいところだと思います」と言うと、潘庭筠は「堂を降りずに、城に上《のぼ》るのです」と言った。私が「城の上になど、なかでも婦人が登ってはならないことです」と言うと、潘庭筠は「城の上には官僚の婦女であれ一般人民の婦女であれ、みな登ることは許されません。状元夫人の輿が街路ではなく城の上を行くのは、彼女を天上の人として尊ぶからです。これは国家の制度です。府や県が夫人の家の門まで出向き、丁重にお出ましを願います。儀仗ははなはだ盛んで、「堂を下らず」などとは言いません」と言った。私は「そうとはいえ、それはおそらく先王の明らかな規定ではないでしょう」と言い、また冗談で「潘庭筠さんが必ず状元となり、状元夫人としての栄誉を失うことのないよう祈ります」と言うと、潘庭筠も笑った。

(69)『乾浄衕筆談』ではこの前に、厳誠が「周延儒は状元ではなかったでしょうか」と言ったのに対し、洪大容は「それは誰ですか」と尋ね、これに対して厳誠は「明末の大奸臣です」と答えている。周延儒すら知らなかったことは、洪大容が明末政治史について、とくに崇禎以降(一六二八―)について、ほとんど何も知らなかったらしいことを伝える。

(70)『明史』巻三〇八、奸臣伝中の人物。字は玉縄、浙江省宜興の人。一六一三(万暦四十一)年の状元。一六三〇(崇禎三)年に宰相となる。本書二一六頁、注(35)参照。

(71)『乾浄衕会友録』でも魏徳藻とするが、魏藻徳の誤り。順天府通州の人。一六四〇(崇禎十三)年状元。宰相となったのち、李自成の軍に捕えられ、五日間にわたって残酷な刑を加えられ、脳が裂けて死亡(『明史』巻二五三)。明末の宰相の名を誤っており、ここにも洪大容の明末政治状況に対する知識の貧困が表れている。

(72)字は達夫、号は念庵、江西省吉水の人。一五二九(嘉靖八)年状元。陽明学派の人。以下の語は、『人譜類記』巻上、記警恃勢では「二十年苦功し、方《はじめ》て状元の両字を磨し得《う》」として記す。

(73)原文「近思」。『論語』子張に「切に問いて近く思う」。

(74) 会元とは会試におけるナンバーワン。前回一七六三（乾隆二十八）年会試の会元は、孫効曽。杭州府仁和県の人（『民国杭州府志』巻一一一）。この年の状元は秦大成（江蘇省嘉定県の人）で、孫効曽は第二甲第二名に終わった。秦大成が殿試状元となった事情については、同じくこの年に進士となった李調元の自訂年譜『童山自記』に詳しい。そこでも、秦大成の殿試答案に対する評価が高くなかったにもかかわらず、彼が状元となったのは、「継母に対して孝行のかぎりを尽くした」果報であって、「人間の力で獲得できるものではない」とされている（『李調元学譜』天地出版社、一九九七、三二頁）。

(75) 原文「千金之軀」。『陶淵明集』巻三、飲酒第一一に、「千金の軀《からだ》を客養するも、化（死）するに臨んではその宝を消す」と言う。

(76) 殿試に合格した進士はさらに朝考と呼ぶ試験でふるい分けられ、優秀者は翰林院庶吉士に任ぜられて引き続き勉強し、あわせて実務を修得する。

(77) 官僚が数珠を持つに至ったのは、清代になってからであり、これは満州族でもともと仏教信仰が盛んであったことによる。

(78) 状元がなる翰林院修撰で従六品、榜眼と探花がなる翰林院編修で正七品、翰林院庶吉士は七品相当の俸給を得る（『清史稿』巻一一五、職官志）。

(79) 知県も翰林院編修と同じ正七品であるが、翰林官ではないから。

(80) 原文「忘本」。『礼記』楽記、「慢易以て節を犯し、流湎以て本を忘る」など。

(81) 満州族の服は、騎馬の便のために筒袖であるのに対し、中国古来の服は袖がゆったりしていた。

(82) 乾隆帝と皇后の不仲は、皇帝が四回目の南巡の旅に出、杭州に至ったところで表面化した（一七六五〔乾隆三十〕年閏二月）。皇后が自分で勝手に頭髪を切ったことから、乾隆帝は皇后は気がふれたとし、一足早く北京へ帰ることを命じ、幽閉した。事の真相は、中国史料でほとんど確認できない。乾隆帝は北京へ帰った後に皇后を廃そうとしたが、アユンガ（阿永阿）がこれを諫めたため黒龍江へ流された。皇后の死は一七六六（乾隆三十一）年七月であるから、筆談はこの一連の事件の中で行われたことになる（『清実録』、『国朝耆献類徴初編』巻九二、阿永阿伝）。朝鮮史料によれば、皇后は「幽廃」されて外界との連絡は閉ざされ、食事も減らされて毎日叱責されたことがその死を早めた、と燕行使臣が国王に報告した（『同文彙考』補編巻五、使臣別単、乾隆三十一年十一月七日）。洪大容は後に一七七五（乾隆四十、英祖五十一）年三月二十九日、当時なお皇太子であった後の正祖の諮問に応じて、潘庭筠から聞いたアユンガのことを伝えている（『湛軒書』所収、『桂坊日記』五三頁下）。

(83) 諸本では「無一人敢言者」と作るところ、奎章閣A本のみ「無一人莫言者」と作る。

(84) 原文「危行言遜」。『論語』憲問に「邦《くに》に道《みち》無ければ、行いを危《たか》くし言は孫《ゆず》る」。

(85) 呉の巴郡太守であった厳顔が蜀の張飛に生け捕りにされた時、「わが州には断頭将軍がいるだけで投降将軍はいない」と言い、さらに顔色も変えずにこう言ったとされる（『三国志』蜀志巻六、張飛伝）。厳誠と同じ姓であることを掛けている。

(86) 『中庸』。私心なく、過不足のないこと、つまりゆきすぎも逆に足りないこともないことは、不可能である。

（87）　胡公とは漢の胡広のこと。字は伯始、位は太傅（天子の補佐役でナンバーツー）に至る。常に言葉と顔つきが慎み深く（遜言、恭色）、これで六人の皇帝に仕えて時勢に媚びたが、物ごとに通じて国家の諸制度をもよく理解していたので、プラスとなるところがあった。このため都洛陽では、「何事でも治まらなければ伯始（胡広）に問え、天下の中庸に胡公あり」とのはやり言葉が流れたという（『後漢書』列伝第三四）。しかし朱熹は『四書或問』巻三で、小人とは、中庸に反していながら自分では中庸を行っていると称して疑わない者のことであるとし、その例として胡広、呂温、柳宗元を挙げている。潘庭筠は『後漢書』に見えるエピソードと朱熹による胡広評価をもとに、厳誠の中庸を小人のそれであると揶揄したのである。

（88）『詩経』大雅、烝民。周の仲山甫を褒めた言葉とされる。聡明で物ごとの道理がわかっているので、その身を保全できるということ。明哲保身の語源。後世では、わが身を守るために中途半端な処世態度を取ること、をも意味する。

（89）　諸本では「程子」と作るところ、奎章閣A本のみ「程朱」つまり程子・朱子と作る。王安石による新法は、清末に梁啓超によって再評価がはかられ、積極的な評価になるまで、ほぼ一貫して悪政の代名詞であった。朱熹は王安石が新法を行った時代の人でなく、新法を批判しても危険でなかったから、「程朱」とするのは不適切である。また『朱子語類』巻一三〇、本朝四では、盛んに王安石と新法を批判している。一方、程顥と程頤は王安石と同時代人であったが、必ずしも新法に反対しなかった。たとえば、王安石が新法を実施するため制置三司条例司を置いた時、程顥はその官僚となった。これはすでに、『朱子語類』の同巻で、問題視されている。程顥が王安石に反対した時も、王安石はあまり怒らず、その左遷も穏便にとどめた。

(90)『乾浄衕筆談』ではこの後で、洪大容が日本の美濃紙二束、牛皮煎、清心丸を贈りつつ、これらについて品評したことを述べる。たとえば美濃紙について洪大容は、「これは倭紙であるが見たことがあるか」と尋ね、潘庭筠が「見たことがない。紙の品質ははなはだ精妙である」と答えると、「この紙は堅くて強靭なところでは朝鮮のものに及ばず、品質では中国のものに及ばないが、要するに両者のよいところを兼ね備えている」と品評する。

『乾浄衕会友録』ではこの後に、洪大容が贈った牛皮煎と清心丸についての問答があり、この問答は『乾浄筆譚』『乾浄衕筆談』ともに大幅にカットされる。

(91)『乾浄筆譚』で「己書之下段、略有謝語、覧可悉也」とあるところ、『乾浄衕会友録』ではもと、「弟恥己書之拙、筆極可愧。下段略有謝語、覧可悉也」と書かれていた。

『乾浄衕会友録』ではさらに、洪大容の言葉として次の一行が続く。

その中に、「高遠亭賦」という賦のスタイルで書いた一篇がありますが、味わいがなく下手なこと、笑うほどです。

「高遠亭賦」とは『乾浄筆譚』次の二月十九日の条で、「厳誠の帖中には、叔父と正使、副使とが順番に従って書き込み、金在行がさらにその下に書き込んだ。私は潘庭筠に贈った四句を書き込み、さらに「高遠亭賦」を書き込んだ」として始めて紹介される。「高遠亭賦」への言及が、これでは唐突である。『乾浄衕会友録』では消去のマークは一切ここに付いておらず、どうやら洪大容は改訂版『乾浄筆譚』を編纂する時、この一行をミスして十七日の条で書き落としたらしい。

『乾浄衕筆談』では、『乾浄衕会友録』で「厳誠は、「先に潘庭筠さんの帖冊には四句の詩をお書きになりましたが、……」から「書いてありますから、ご覧になればわかります」まで一字一字丸印が付けられているのに従い、この部分がカットされ、洪大容の次のような言葉が続く。

先にお送りした「高遠亭賦」という賦のスタイルで書いた一篇は、味わいなく下手なこと、笑うほどです。ただ平日、著述するところがなく、これをたまたま記憶しておりましたので、少しみっともないところをさらけ出すことにいたします。ここで言う高遠亭主人とは、金鍾厚、字は伯高、号は直斎のことで、彼もまたわが朝鮮の儒者の中で、高貴の生まれですが、退職して読書しておられる方です。その勉強は精密で心からのものであり、見識は広く鋭敏でもあり、文学でも高くすばらしいものがありますので、人々に大いに期待されております。この賦の最後の数句は、いよいよ将来に遠大ならんことを期し、小さな完成に安住しないことを言ったものです。ご覧になった後で、是非とも斧正を加えてくださいますように。

なお、金鍾厚に対する評価のところは、『乾浄衕会友録』ではもとの文章が黒丸で塗りつぶされ、まったく読めなくなっており、『乾浄衕筆談』の文章は、その右横に書き直されたものである。さらに言うなら、ここで『乾浄衕筆談』に従って訳出した文章には、青筆で初めは横線を三本あるいは四本引き、『乾浄筆譚』の原稿としては消去すべしと指示しながら、その後三本の横線には削除を解除するとの指示がなされている。ところが現存する『乾浄筆譚』では結局、この部分は書かれないままで終わった。本書二三〇頁、注(19)参照。

また『乾浄衕会友録』ではもと「其中有（その中に、……ありますが）」と書かれていた三文字に丸が打たれて消去され、「向送（先にお送りした）」の二文字が書かれているが、「高遠亭賦」の入った帖冊が送られたのは、後に見るとおり二月十九日のこととすることと矛盾する。
(92) 原文は「咀盟」とするが、これは朝鮮での用法らしく中国では詛盟。春秋時代には詛盟という誓約がしばしば行われた。たとえば『春秋左氏伝』襄公十一年。
(93) 原文「胥失之」。朱熹『四書或問』などにしばしば見える。
(94) 『乾浄衕筆談』ではこの後ろに、次のような文章が挿入される。
私は「今日問答した紙も持って帰りたく思いますが、いかがでしょうか」と言った。厳誠が「しかし言葉に脈絡がなく、書いた字がゆがんでおって、おかしなものです」と言うので、私は「帰国後、この紙をもとに問答した言葉をもう一度書き出し、これを見て思い出すよすがとしたく思います。またこれを仲間に見せてやり、これを後世に伝えたく思います」と言った。潘庭筠は「それによって、古代の人々と同じような友誼を持ったことを明らかに示すことになるのでしょうが、必ず言葉に脈絡のあるものを選んで記録すべきです。そうでなければ後人に批判されます」と言った。私が「わかりました」と言うと、二人は問答を遍く調べ、その中にやや言ってはいけないことが書いてあるところは、あるいは一部破いて取り去り、あるいは全部取り去ってしまって、これはもう止めようがなかった。これは前後の筆談でいつもそうだった。

二月十九日

(1) 原文「有徳者之言」は、朱熹『晦庵集』別集、巻二、林井伯。
(2) 数百平方キロ云々の原文「凌万頃」は蘇軾『東坡全集』三三、赤壁賦。世界の果て云々の原文「超八垠」の八垠は、杜甫『分門集注杜工部詩』巻一七、寄薛三郎中。
(3) 飛来峰とは杭州の近郊、名刹霊隠寺にある山。
(4) 『厳鉄橋全集』第五冊では、以上を「与鉄橋秋庫」とし、以下を「与秋庫」とする。
(5) この手紙は時間の経過からすれば、次の潘庭筠「湛軒記」の後ろにおくのがふさわしい。
(6) 潘庭筠「湛軒記」は『湛軒書』附録(三二四頁上)にも収録される。
(7) 中国では春秋戦国以来、現在の北京を含む北辺一帯を燕と呼ぶ。
(8) 底本ほか諸本および湛軒書本で「算数」と作るところ、奎章閣A本のみ「籌数」と作る。湛軒書所収の潘庭筠「湛軒記」では「技術」と作る。なお底本には、「籌」を「算」に書き直したあとがある。
(9) 底本、奎章閣A本で「醇徳」とあるところ、奎章閣B本、延世大学本、東洋文庫本、湛軒書本、湛軒書所収の潘庭筠「湛軒記」では「醇聴」と作る。底本による。
(10) 原文「辰韓」。辰とは古代韓国で新羅が発祥した地であるが、ここでは朝鮮の雅名。
(11) 清州は忠清道にあり、ソウルから南約百キロの地。寿村は現在の忠清南道天安市にある。
(12) 原文「入此室処」。『詩経』豳風《ひんぷう》、七月。

(13) 原文「朱絃之琴」。二月十七日の条、厳誠作の「八詠詩」第一句にも朱絃とあり、洪大容の琴(玄琴)は朱色の絃であったらしい。

(14) 原文「将有為也」。『易』繫辞上。

(15) 倪瓚は元末明初の人。清閟閣はその蔵書閣。絵画の名手として有名で、『明史』巻二九八、隠逸伝に彼の伝がある。著書に『清閟閣集』がある。この話は『清閟閣遺稿』巻一四などに見える。

(16) 原文「不緇」。『論語』陽貨に「白しと曰わずや、涅《でっ》して緇《くろ》まず」と言う。白いものはあくまで白く、黒い土でも染まらないこと。

(17) 湛とは水がいっぱいに満ちていることが原義であり、さらに水が澄むこと、心が安らかなことも意味する。

(18) 本書二二六頁、注(91)、参照。『乾浄筆譚』(本訳)ではこの説明がないから、「高遠亭」とは何なのか、まったくわからない。

(19) 高遠亭の主人は金鍾厚、字伯高、号直斎または本庵である。洪大容と同じく金元行に学び、その高弟であった。洪大容が燕行するに際しては、そのために送別の言葉を贈ったが、それは北京へ行くなと説得する奇妙なものである。「解説」参照。洪大容が帰国すると、洪が漢人と親しく交際したことを強く非難し、二人の間で中国人評価をめぐって論争になった。また、金鍾厚が朱子学を前提として礼書の古訓を研究する必要があると説いたのに対して、洪大容はそのような訓詁学は不必要であるとして反対し、これまた論争になった(拙稿「一七六五年洪大容の燕行と一七六四年朝鮮通信使――両者が体験した中国・日本の〝情〟を中心に」「洪大容『医山問答』の誕生――帰国後における中国知識人との文通と朱子学からの脱却過程」『朝鮮燕行使と朝鮮通信使』名古屋大学出版会、二〇一五、参照）。文集として『本庵集』がある。本書二二七頁、注(91)で記したような、洪大容によるこの部分に対する何度にもわたる書き換えは、このようにして生まれた彼の金鍾厚に対する屈折した思い、すなわち敬意と敵意をそのまま表すと考えられる。

(20)『詩経』に収める歌。古代の商すなわち殷と、その継承国である宋の先祖を誉めたたえた歌。

(21) 原文「攀桂枝」。李白『李太白文集』巻一一、憶旧遊寄譙郡元参軍。

(22) ソウルから約六十キロ東にそびえる楊平郡の龍門山を指すか。

(23) 一仞は周代の制で二メートル弱。万仞とはとてつもない高さ、あるいは深さ。

(24)『乾浄衕筆談』では、この文章はない。

(25)『中庸』に「故に君子は徳性を尊んで問学に道《よ》る」と言う。徳性とは自分が生まれながらに天から受けた正理。問学に道《よ》るとは、客観的な学問に依拠すること。古来、朱熹と陸象山・王陽明の対立は、前者が「問学に道る」を尊ぶのに対し、後者が「徳性を尊ぶ」を重視した対立だとされる。

(26) 以下「また書き付けて言う」から、二十一日付洪大容の手紙「数日の間、宿舎全体がまるで牢獄のようでした。……不宣」まで、つまり本書六〇頁から六一頁までが二十一日という日付とともに『乾浄衕筆談』には欠けている。したがって『乾浄衕筆談』では、二十一日の記事がなく、「厳誠再拝」（六二頁）以下の厳誠の手紙から『乾浄筆譚』上巻の終わり、すなわち厳誠「養虚堂記」終わりまでがすべて二十一日ではなく十九日に繋げられている。しかし『乾浄衕会友録』（『乾浄録』）第二冊では、ここで訳出する『乾浄筆譚』のように、もともと二月二十一日に記事があった。これは『乾浄衕筆談』の杜撰さを示す（拙稿「洪大容『乾浄衕会友録』とその改変」前注〈19〉拙著、参照）。

二月二十一日

（1）『論語』子罕に見える古詩の一節。あなたを恋しく思わぬのではない。家が遠いから出かけられないのだ、との意。

（2）諸本では「惘々」とあるところ、奎章閣A本のみ「憫々」と作る。

（3）『厳鉄橋全集』第四冊に収録。

（4）底本、延世大学本、東洋文庫本、湛軒書本で「算卜」、奎章閣A本で「籌卜」、奎章閣B本で「算上」と作る。底本による。

（5）才知が衆に優れた人物。『孟子』滕文公上、尽心上で凡民と対比される。

（6）原文「比匪」。『易』比に「之を比《したし》むに人に匪《あら》ず」とある。

（7）『論語』子路に「狂者は進み取る。狷者は為さざる所有《ところあ》る也《なり》」と言う。意地っぱりで、普通であればしてもよさそうなことでもしないこと。

（8）もと『荘子』知北遊篇にある言葉。しかし金在行の場合、宋の張載（横渠）の『正蒙』太和篇（また『近思録』道体篇）に言う、「気は太虚に坱然《おうぜん》として、升降飛揚し、未だ嘗て止息せず」

にもとづくようである。気が充満し活発に動く天空の意。養虚とは、このような天空と同じようなわが心を養うということで、『孟子』尽心上に「その心を尽くす者はその性を知るなり。その性を知らば、則ち天を知らん。その心を存し、その性を養うは、天に事うる所以《ゆえん》なり」をも意識している。

（9）原文「囂《ごう》々然」。囂々然は『孟子』尽心上にもとづく言葉で、人が自分のことを知ってくれても知ってくれなくても、囂々たれと言う。徳を尊び義を楽しみ、自得すること。

（10）原文「陶々然」。陶々とはのびのびと和らぎ楽しむ様（『詩経』国風、王風、君子陽陽）。また気持ちよく酒に酔う様。

二月二十三日

（1）陸解元とは陸飛のこと。本書、二月三日の注（11）参照。なお、朴趾源『熱河日記』（上海書店出版社、一九九七、一六三頁）傾蓋録では、一七八〇年に朴趾源は杭州人汪新と陸飛についておおよそ次のような筆談を交わしている。

私（朴趾源）が「陸飛先生はお元気ですか」と尋ねると、汪新は驚いて、「陸飛先生は奇士です。今年六十歳になりますが、官界ならぬ民間で不遇をかこち、詩を作り絵を描くことに命をかけ、山水を友達としておられます。酒を飲めば飲むほどしたたかに酔われ、狂ったように歌を歌い、腹を立てて罵倒されます」と答えた。私が「何に腹を立てて罵倒されるのですか」と尋ねても、汪新は答えなかった。……汪新は、「私は陸先生が大好きです。人々は陸解元と呼んでおり、明の唐寅や徐渭に似ているとしております。西湖から三十年も離れることなく、この上なく富貴です」と言った。

すなわち、陸飛は乾隆三十年に四十七歳で浙江省郷試第一名合格を果たしながら、結局官界には入らなかった。六十歳前後の彼は人々から依然として陸解元と呼ばれ、また依然として詩を作り絵を描くことに情熱を燃やしていた。明代蘇州の唐寅（唐解元）、紹興の徐渭（徐文長）ともに官界に出ることなく、奇士とされ書画に巧みであった。唐寅は風流人として民間人にも愛され、徐渭は狂的人物として知られる。

（2）原文「羔鴈」。中国古代では卿・大夫はこれらをプレゼントに用いた。

（3）夜間、三番太鼓が打たれる十一時頃。

（4）尚とは遡《さかのぼ》る、つまり昔の意。古《いにし》えに遡って古人を友とせんとする志。『孟子』万章下の言葉にもとづく。

（5）本書二月二十六日、本文一五八頁、および注(76)。

（6）後注(15)参照。

（7）両手を胸の前で組み合わせて上下させる礼。

（8）底本、奎章閣A本で「切以初一」と作るが、奎章閣B本、延世大学本、東洋文庫本、湛軒書本で「決以初一」と作るので、これによる。

（9）陸飛の号は正しくは筱飲。ただし『乾浄筆譚』諸本および『乾浄衕会友録』ではいずれも篠飲と作る。

（10）唐の詩人杜牧の『樊川文集』巻三、九日斉山登高と題する詩に、「塵世、口を開けて笑うに逢い難し、菊花を須《すべか》らく満頭に挿して帰るべし」の句がある。

（11）『乾浄衕筆談』ではこの後ろに、洪大容が金在行には朝鮮風にこせこせしたところがない、「麁心大談」だと書いたところ、陸飛が自分と同じだ、と笑ったことを記す。

（12）底本、奎章閣A本の原文は「益奇壮」。奎章閣B本、延世大学本、東洋文庫本、湛軒書本では「蓋益奇壮」。

（13）原文「彫虫篆刻、壮夫不為、徒取笑耳」。もと漢の揚雄の『法言』にちなむ言葉。

（14）原文「覆醤瓿」とは、書物で醤油壺の蓋をすること。価値のないもののたとえ。

（15）不分巻本『筱飲斎稿』（中国人民大学蔵）に「和丁敬身丈観忠天廟画壁歌」として、四巻本『筱飲斎稿』（南京図書館蔵）巻二には、「和丁丈敬身観忠天廟画壁歌」として収める。以下の記事は、四巻本、陸飛によるこの詩歌に対する自注にも見える。

（16）『民国杭州府志』巻一〇、祀祠志の汪王廟の項で、『乾隆杭州府志』には忠天廟のことが記載され、それは杭州城外北墅の若蘭村にあったこと、唐の汪華が祀られており、明の陸瀚による壁画があるという。

（17）以下、『乾浄衕筆談』では次の筆談が挿入される。
陸飛が私に言うには、「兄《あなた》は朱子を尊んでおられるとか。私は陸学（陸象山の学）なんですが、どうですか」。私は、「陸先生の学が陸学でなくてどうなりましょう」と言うと、みんな大いに笑った。私が「陸丈《せんせい》は陸象山の子孫ですか」と訊くと「違います」との答えであった。

陸象山の学は、しばしば陸王の学と呼ばれるように、陽明学と同じ、あるいはこれと極めて近いものとして、朝鮮では異端と見なされる。

(18) 原文は「已陳芻狗」。芻狗とは古代の祭で用い、用済みになると見向きもされぬものの喩《たと》え。荘子が孔子の言葉について、先王の述べたことを再び陳べたつまらぬものだと批判した時、この比喩を用いている。

(19) 丈とは年長者に対する敬称。このあと『乾浄衕筆談』では、洪大容が「あなたは私より十二歳年長です。丈(年長)ではないですか。だからこそ兄事するのです」と言ったのに対して、陸飛は「わが国では違います。丈は兄という呼称より尊い時に用います」と言い、これに対して洪大容は、「朝鮮の俗では、対等の交際の時にはじめて兄と称します。各々その俗に従うからこんなことになるのでしょう」と言ったという。

陸飛はここで、「丈(先生)、丈(先生)などとおっしゃり、おやめにならぬのは、云々」と問うているが、『乾浄筆譚』(本書)では、一度しか陸丈と呼びかけていない。陸丈は前注(17)のように先に一度使われているが、『乾浄筆譚』ではここを削ったから、このような不自然な形になった。

(20) 『論語』憲問に「己を修めて以て人を安んず」という。自己修養と人民の安定をともに図ることは、堯舜でも難しいことだとする。

(21) 『論語』顔淵に「忠もて告げて善もて之れを道びく。不可なれば則ち止む」とあり。真心から勧告し、善い方向へ人を導き、教えを立てることで、教育者の立場に立つこと。

（22）現世では政界で用いられず、教育者ともなれないので、書物を著して将来に期すること。

（23）原文「亦将何所不至哉」は、たとえば朱熹『四書或問』巻二に、「桀紂盗跖《けっちゅうとうせき》の為すところと雖も、亦た将《は》た何の所か至らざらん哉《や》」とあるように、多用される表現。桀と紂は古代の暴君、盗跖は大泥棒。彼らのやる悪事をも平気でやるようになる。

（24）『論語』泰伯に「邦に道あるに、貧しくして且つ賤しきは恥なり。邦に道無きに、富みて且つ貴きは恥なり」とある。道義のある政治が行われていない時に、ゆたかな生活をして高い地位にあるのは恥である。また、『孟子』万章下に「仕うるは貧の為にするにあらざるなり。しかれども時ありてか貧の為にす。……人の本朝に立ちて道行われざれば、恥なり」とある。高官として人の宮廷にありながら、まともな政治が行われなければ、恥である。同じく『孟子』尽心上に「君に事《つか》うる人なる者あり。是《こ》の君に事えて、則ち容悦《よろこ》ばるることを為す者なり」とあるのを踏まえる。これらは知識人の出処進退について教えた有名な言葉。洪大容はこれら孔子、孟子の言葉をほぼ完全に借用しつつ、官僚となるのは栄誉のため、また官職に就かなければ恥ずかしいからであるということもありうる、と認める。しかし、一旦仕え、高官となったならば、古代聖人の時代を目指すべきであり、そうでなければ単に君に取り入り、悦《よろこ》ばせるためだけの行為であり、恥であるとする。

（25）原文「無徳以将之」はもと『詩経』魏風、葛屨《かっく》の小序に見える言葉。洪大容は『詩経』と若干異なった使い方をしている。

（26）原文「贏得薄倖名」は杜牧『樊川詩集』外集、遣懐詩に、「十年にして一たび覚《さ》めたり揚州の夢、青楼薄倖の名を贏得《えいとく》す」にもとづく。青楼とは遊郭のこと。贏得とは勝ちうること。
(27) 原文「非寡欲、無以養心」。『孟子』尽心下に「心を養うには、寡欲より善きはなし」とある。
(28) 『論語』学而に「君子重からざれば則ち威あらず」とある。「善く学ぶ」は、『礼記』学記など。
(29) 『論語』泰伯に「曾子《そうじ》曰く、士は以て弘毅ならざる可からず。任重くして道遠し。仁以て己《おのれ》が任と為す、亦た重からず乎《や》。死して後已《や》む、亦遠からず乎」とある。
(30) 『乾浄筆譚』では各本とも「反求諸心」であるが、『乾浄衕筆談』および『厳鉄橋全集』ともに「反求諸己」とする。前者は、たとえば朱熹『晦庵集』に八箇所用例がある。一方後者は、『孟子』公孫丑上で「射る者は己を正しくして後に発し、発して中《あた》らざるも、己に勝てる者を怨みず。これを己に反りみ求むるのみ」といい、離婁上で「行いて得ざるもの有らば、皆これを己に反《かえ》りみ求めよ」にもとづく。『乾浄衕会友録』では「反求諸心」。
(31) 『正蒙』は『西銘』とともに宋の張載の著作。簡潔な数十字からなる議論と箴言が多い。
(32) 「山菜を採り」と訳したところ、『史記』巻六一、伯夷列伝で、殷の人である伯夷と叔斉がこの国を亡ぼした周の俸禄を食するのを恥じ、首陽山に隠れ薇《わらび》を採って露命をつないだ故事を、おそらくは踏まえる。
(33) 原文「可濯可漁」。『白氏長慶集』巻四三、冷泉亭記で白居易は、杭州霊隠寺での自足した生活を、「足を牀《ねどこ》の下で濯うことができ、枕の上で糸を垂れ釣りをすることができる」と表現する。
(34) 原文「文武之道、布在方冊」。『中庸』に、「文武の政は布《し》きて方策に在り」とある。

（35）原文「可観厥成」。『詩経』大雅、文王有声に、「これ厥《そ》の成るを観る」とある。
（36）原文「優哉遊哉」。『春秋左氏伝』襄公二十一年に、晋の叔向は「優なる哉、遊なる哉。聊《いささ》か以て歳を卒《お》えん」という『詩経』の逸詩を引きつつ、「知者の言葉である」と言ったという。これに杜預は注を付け、「衰えた世では悠々と生き、害が及ぶのを避けて天寿を全うする」こととする。
（37）原文「止水、明鑑」。止水は平らな水、明鑑は曇りのない鏡。朱子学では「聖人の心は明鏡の如く、止水の如し」と言い、喜怒哀楽がまだ表れない状態を言う。
（38）原文「開物成務」。『易』繫辞上に、「それ易は物を開き務めを成し、天下の道を冒《おお》う」とある。
（39）原文「微夫子、吾誰与帰乎」。「夫子微《なかり》せば」とは中国では普通、「孔子がいなければ」の意味で使われるが、ここでは「朱子がいなければ」の意味。たとえば范仲淹『范文正集』巻七、岳陽楼記「この人微《なかり》せば、吾誰とともに帰せん」も、孔子をいう。
（40）原文「納誨」。『書経』説命上で、殷王の武丁が臣下の傅説《ふえつ》に対して「朝夕に誨《おしえ》を納《い》れて、以てわが徳を輔《たす》けよ」と、自分を諫める言葉を聞かせてくれるよう、求めたという。
（41）原文「以人廃言」。『論語』衛霊公、「君子は言を以て人を挙げず、人を以て言を廃せず」。
（42）原文「韋弦之佩」。『韓非子』観行によれば、西門豹《せいもんひょう》はせっかちな性格だったので、常にやわらかな韋《なめしがわ》を身につけてのんびりするよう心がけ、董安于《とうあんう》はのんびりした性格だったので、常に弦《ゆみづる》を身につけて緊張するよう気をつけたという。

（43）原文「念茲在茲」。もと『書経』大禹謨に出る言葉であるが、『春秋左氏伝』襄公二十三年の注で、この言葉を「事を行うのに常にわが身のこととして思うべきである」と解する。

（44）原文「有諸己、而後求諸人」。『大学』に「君子は諸《これ》を己に有して、しかる後に諸を人に求む」とある。

（45）原文「誠中形外」。『中庸』に「此れを中《うち》に誠なれば外に形《あら》わると謂《い》う」とある。

（46）原文「責善相将」。『孟子』離婁下に「善を責むるは朋友の道なり」とある。

（47）原文「交相癒」。『詩経』小雅、角弓に「不令《ふなか》の兄弟は交《こも》ごも相い癒《や》む」。

（48）『乾浄衕筆談』では、この後ろに少し長い問答が入る。このうち、金在行が潘庭筠のために男女の別れの辛さを歌ったような詩を作り、なかでも「（潘庭筠が）坐ったところが香《かぐわ》しい」という句があったので、次のような文章が挿入される。

陸飛が「あなた（潘庭筠）はいま女性に会っても、やはり女性のような格好をしますか」と言った。思うに、潘庭筠の容貌は婦人に似ていたからである。みんな笑った。

（49）原文「擲地作金石声」。『晋書』巻五六、孫綽伝によれば、孫綽が「天台賦」を作って范栄期に見せたとき、試みにそれを地に擲《たたきつけ》てごらんなさい、きっと金石のような音がしますよ、と言ったという。

（50）『乾浄衕筆談』ではこの後ろに、

厳誠が「傷《いた》ましいかな、傷ましいかな。早く死んで中国に生まれ直せば、幸せなのに」と言うと、潘庭筠は、「もし中国に生まれるのであれば、浙江に生まれるのがよろしい。紹興酒があって、毎日でも飲めますから」と冗談を言ったと記す。

(51)　東晋の慧遠が江西省廬山の東林寺で、儒仏の名士らと浄土に生まれんことを求めて立てた仏教結社。『廬阜雑記』という書によれば、慧遠が手紙で陶淵明を招いたところ、自分は本性として酒を嗜むが、あなたが飲むことを許してくだされば、すぐにでも参りますと答えた。慧遠が許可したので陶淵明は行ったのだが、白蓮社への入会を勧められたので、眉《まゆ》をひそめて立ち去ったという。陶淵明は大酒飲み、あるいはアルコール中毒として知られる。

(52)　管仲の器。管仲は春秋時代斉の政治家で、桓公を助けて彼を春秋五覇の一人にまでした。『論語』八佾で、孔子が「管仲の器は小さいかな」と人物が小器であると批判したという。

(53)　原文「蠡管《れいかん》之用」。底本、奎章閣A本では「彝管之用」と作るが、奎章閣B本、延世大学本、東洋文庫本、湛軒書本では「蠡管之用」と作る。これによる。蠡とは瓢箪、管とはくだ。蠡で海を量り、管を通して天をのぞくといい、見識の浅いこと。ここでは管仲と蠡管を掛けている。

(54)　洪大容はまったく酒が飲めぬわけでも、また飲まぬわけでもなかったらしい。帰国後の一七六七年七月に金在行が洪大容の自宅を訪れたとき、その頃禁酒令がややゆるんでいたので、洪大容は酒を出した。二人は中国の友のことを語り合いながら、一日中「劇飲した」という（『湛軒書』一一四頁、与潘秋庫書）。

(55)　原文「独醒」。『史記』巻八四、屈原伝。屈原は戦国時代楚の人。その直言によって人に悪《にく》まれ、国王に追放されるに至ったとき、「世を挙げて混濁するに我独《ひと》り清し。衆人みな酔うに我独り醒《さ》む」と言ったとされる。『離騒』の作者。

（56）『乾浄衕筆談』ではこの後、朝鮮事情に関わる筆談が挿入される。
陸飛が「宴会は（酒なしで）どうやって楽しむのですか」と訊いたので、私は、「十数年の間、国内は凶作が続き、禁酒令は厳しいものでした。ただこれは、いつまでも禁止できるものではありません。ですから酒を嗜む者の多くはこっそりと飲んでおります。というのは、その罪は死刑とまではゆかないからです。宴会では公然と飲むことができず、これによって一時的に物寂しくなり、この世に生きる楽しみは少なくなりますが、どうしようもありません」と答えた。陸飛が「近年は豊作の年もありますか」と尋ねた。私は、「近年はそんなに凶作ではありませんが、禁酒令がすでに長く出ていますので、とりあえず変更しないのです」と言った。

（57）『乾浄衕筆談』ではこの後ろに、韓という姓の者が洪大容らのことを聞いて来訪したことを記す。韓は洪大容から中国語会話で挨拶されて驚く。『乾浄衕会友録』によれば、韓の名は之才、字は象三、山西省交城県の挙人で、やはり会試を受けるため北京に来ていた。『光緒交城県志』巻七、選挙によれば、彼は乾隆二十一年の挙人。

（58）原文「其狂不可及」。『南史』巻三四、顔延之伝。六朝時代宋の顔延之は文才がありながら、酒びたりで有名であった。ある日、文帝が顔延之にその子孫たちに対する評価を尋ねたところ、自分に似た長所を挙げて一人一人に評価を加えた後、子の顔躍は自分に似て酒好きだと答えた。何尚之が嘲笑して、「酒を飲んだときの狂態で、誰があんたに似ることができましょう」と言ったところ、「その狂たるや及ぶべからず」と答えたという。

（59）『漢書』巻七七、蓋寛饒伝。字は次公。剛直方正な人物であった。ある宴席で酒を勧められたとき、「あまり酌をしないように。飲み過ぎると狂いますから」と言ったところ、「次公は醒めても狂たり。何ぞ酒を必せんや」と笑われたという。

（60）『乾浄衕筆談』では次の文章が挿入される。

陸飛が、「朝鮮で昔の酒はどんな酒でしたか。ヨーロッパの酒（紅毛焼酒）のようなものですか」と尋ねた。私は「朝鮮では多くお米を用います。ですから酒を美紅露とも申します。それぞれの種類には、それぞれ名前があります。桂碴酒ははなはだ強く、飲むのが好きな者は多く体を傷めます」と答えた。金在行は、「おおよそのところ、朝鮮の酒の強さは中国の倍以上です」と言った。

陸飛は、「最近、ベトナム（交趾）産の本物の肉桂《ニッキ》はとてつもなく高い値段がします。朝鮮で作る牛皮膏や清心丸は本物のベトナム肉桂ですか」と尋ねた。私は、「肉桂がなくなってから、長くたちます。ただ皮の分厚いもので代用しています。すべて北京の市場で買いますが、それが本物か偽物かは、何でわかりましょう」と言った。陸飛は「皮の分厚いものは、最近そんなに重視されません。肉の分厚いものが高いのです」と言った。私が「南方方面には今でも本物の肉桂がありますか」と尋ねると、陸飛は「本物はどうしても手に入れにくい。皮が厚い肉桂は最近では病気を治すためには、まったく用いることはありません。このために、これが用いられることも少ないのです。本物は引火帰源（中医学の言葉）しますが、偽物は発火するからです。朝鮮で用いるのが本物の肉桂でないとすれば、偽物を用いて発火はいたしませんか」と言った。私は「害はすぐには表れませんが、じわじわ害が及ばないなど、何でわかりましょう」と言った。陸飛は、「朝鮮の薬材はすべて中国から買い入れますか。ほかに国内産もありますか」と尋ねた。私は「国内産がおそらく六十パーセントから七十パーセントでしょう」と答えた。

陸飛は「航海は何日かかりますか。苦しいことはないのでしょうか」と尋ねた。金在行は、「先の明朝の時代に、遼東の通路が（満州族の占拠によって）塞がりましたので、航海によったのです。今は鴨緑江を渡るだけです、おおよそ北京を去ること三千七百里です」と言った。陸飛が「遼東を去ること何里ですか」と訊いたので、私は「五百余里です」と答えた。

陸飛は、「朝鮮の蔵書には、先の明朝の実録や野史（民間での編纂物）は完備しているのですか」と尋ねた。私は、「『明史』や『明史記事本末』など、中国から出たものがたくさんあり、野史もあることはあります」と答えた。

（61）原文「酒中趣」。『晋書』巻九八、孟嘉伝。孟嘉は酒が好きであったが、飲めば飲むほど乱れなかった。このため「酒の何がよくって嗜むのか」と尋ねられたところ、「あなたは酒の中の趣きがわかっていない」と答えたという。

（62）原文「風流掃地尽」。黄庭堅『山谷集』外集、巻六、和答李子真読陶庾詩に「風流は地を掃き尽くし、詩句は余情を識《し》る」。

（63）第1巻二一三頁、注(63)。小序とは『詩経』三〇五篇それぞれの冒頭に付せられた序文。前漢時代に成立したいわゆる『毛詩』には、これが採録されている。『毛詩』ではこの小序を勘案して毛伝（注釈）が付けられ、さらに後漢の鄭玄は毛伝をもとにして箋（注）を加え、毛伝鄭箋と呼ばれる。これが宋代に至るまで『詩経』研究の権威となった。朱熹はこの小序は聖人の作ではなく漢代の人の手になるものとして、その権威性を否定した。いわゆる漢学はこれに対して鄭玄を尊崇するから、いきおい小序の価値を高いものと見なす。

（64）鄭樵は南宋の学者。莆田県（福建省）の人。字は漁仲、号は夾漈。『通志』を編纂した。『詩経』研究では『詩弁妄』があり、朱熹はこの書を読んで「詩序は実に信ずべからず」という考えに至ったという（『朱子語類』巻八〇、葉賀孫記）。なお、『乾浄衕筆談』によれば潘庭筠が「朱子は詩経の解釈を鄭漁仲（鄭樵）にもとづいた」と述べたのに対して、洪大容は「鄭漁仲とは誰か」と尋ねている。あるいは鄭樵のことを知らなかったのかもしれない。

（65）白駒は小序によれば、大夫が周の宣王を風刺した歌であるとし、毛伝と鄭箋ではさらに、宣王が賢者を引き留められなかったことを風刺したものとするが、現在では、友人が去ってゆくのを引き留める歌である、とするのが普通である。朱熹は『詩集伝』で「於焉嘉客」という句について、「嘉客とは逍遥する意味」と解釈している。それは前の句で於焉逍遥とあるからでもある。『爾雅』釈詁では、「嘉は楽なり」とあるから、この解釈も成り立ちうる。また現在でも「於焉嘉客」を「客人としてのびのび快適に過ごす」（程俊英・蔣見元『詩経』岳麓書社、二〇〇〇、一七九頁）などと解されることがある。潘庭筠はこれをより単純に、「よき客人や友達」と解釈すべきであるとしたのである。

（66）馬端臨は南宋から元にかけての人。その著『文献通考』巻一七八、経籍考、経（詩）に朱熹に対する反論が見え、小序を捨て去っては詩を理解できないとする。その要旨は、『詩経』に含まれる詩は、風刺せんとする第三者によって歌われたものであり、したがって孔子は淫乱な風俗を歌った詩も削らなかった、とするにある。なお後の二月二十六日に見える洪大容の書きつけでは、彼は馬端臨の書を読んだことがないと正直に述べる（一四〇頁）。

（67）漢代、詩の三家は斉家、魯家、韓家であり、斉家を高家とするのは誤り。斉（齊）と高とのくずし字（草書）は酷似しており、おそらくは洪大容のミス。

（68）原文「信以伝信、疑以伝疑」。『春秋穀梁伝』桓公五年に見える言葉。

（69）朱熹『詩序弁』（『詩序弁説』）で詩序は漢儒の手に出たものであり、廃すべきもの（捨て去るべきもの）であると論じている。その成果が朱熹『詩集伝』である。

（70）『論語』衛霊公に「鄭声は淫（鄭の国の音楽は淫つまり過激である）」と孔子は批判したとされる。

（71）朱熹『詩集伝』では、たとえば鄭風に収める緇衣《しい》を淫奔、羔裘《こうきゅう》を淫婦、有女同車を淫女、丰《ほう》を淫者、東門之墠《せん》を淫奔、風雨を淫奔、子衿を淫者、揚之水を淫風などの言葉で評するが、すべてを淫詩としてはいない。また『詩集伝』巻四、鄭風で鄭詩を概論し、「鄭衛の音楽はみな淫声である。しかし詩によって考えると、衛詩は計三九篇中で淫奔の詩はわずかに四分の一であるが、鄭詩は計二一篇中で淫奔の詩は七分の五以上にのぼる。衛ではまだ男が女を喜ぶ言葉であるだけなのに、鄭ではみな女が男に惑う言葉である」と述べている。つまり朱熹自身は鄭風・衛風すべてを淫詩としておらず、また両者に区別があることも明言している。なおここでいう衛風とは、邶風《はいふう》、鄘風《ようふう》、衛風をあわせて言う。

（72）明の楊慎『升菴全集』巻四四、淫声で、『論語』に言う「鄭声は淫」とは、節度を超えて降る雨を淫雨と言うようなものであるとし、「鄭詩はみな淫である」とも「鄭風はみな淫詩だ」とも言っていないとする。

（73）伯とは年長の男、叔とは年の若い男。『詩経』では伯と叔は一緒に「叔兮《よ》伯兮《よ》」（邶風、旄丘、鄭風、蘀兮、および鄭風、丰）と歌われる。小序、毛伝、および鄭箋によれば、旄丘で言う伯叔は衛の政治家たち、蘀兮で言う伯叔は鄭の群臣たち、丰で言う伯叔は妻どりに迎えに来る男たち。三詩いずれもが、悪い君主を責めて風刺し、風俗の乱れを戒める歌とする。一方朱熹は、旄丘で言う伯叔は同じく衛の諸臣であるとするが、蘀兮という歌は私を誘惑してくださいという「淫女の詞」を記したものとし、伯叔とは男たちを意味するとする。また鄭風、丰は一度ある男をふった女が後悔して、嫁入り道具はそろったから誰か迎えに来てほしいと呼びかけたものとする。「伯兮」（衛風）、「叔于田」（鄭風）、「大叔于田」（鄭風）も、小序はすべて何かを風刺した歌であると解釈するのに対して、朱熹は伯とは婦人がその夫に呼びかけた呼称とし、「叔于田」を「あるいはこれもまた民間の男女が喜び合う歌か」と解釈する。

（74）『詩経』では「君子」は「展矣君子《まことやくんし》」（邶風、雄雉）、「君子偕老《くんしとともにおいん》」（鄘風、君子偕老）、「大夫よ君子よ」（鄘風、載馳《さいち》）「有匪君子《うるわしきくんしあり》」（衛風、淇《き》奥《いく》）、「既見君子」（鄭風、風雨）などと歌われる。小序、毛伝、鄭箋によれば、雄雉と君子偕老で言う君子は詩で風刺されている衛の宣公のこと。淫乱で国事を気にかけず、国人は怨んだという。載馳で言う君子は許の国の賢者たち。淇奥でいう君子とは、衛の武公のことで人々の尊敬を集めたという。一方朱熹は、雄雉と君子偕老の君子はともに夫《おっと》のこと、載馳のそれは許国の衆人、淇奥のそれは小序と同じく衛の武公のこととする。

(75) 狂童とは孔穎達によれば狂悖幼童の人であるとし、小序以下の古注では、褰裳という詩は彼らが勝手放題に鄭の太子である忽《こつ》と国を争った政治的事件を風刺したものとする。また古注では、山有扶蘇とは衛の忽公が美とすべき立派な賢人を用いず、狂人のごとき小人を用いたことを風刺したとする。その一句に「乃見狂且」とある。古注では、且とは往《ゆ》くことと解する。これに対して朱熹は、褰裳とは淫女が思いの男に対して、「ほかに男もいるわ」と述べた繰り言であるとし、一句で言う「狂童之乱也且」とは「この色男め」という戯れ言であるとする。且とは意味のない辞と解する。

(76) 古注によれば、風雨で言う君子とは、乱世にあっても節操を変えぬ立派な人物のことであるとする。この詩はこのような人物が現れることを待ちわび、ついに彼に会えたことを歌ったものとする。これに対して朱熹は、君子とは淫奔な女が会いたいと思う男のことであり、この歌はその男に会った喜びを表現したものとする。

(77) 小序によれば、この詩は結婚に礼なく淫風が覆《おお》った時代でも、文王の化を被《こうむ》り男の方の礼なきを憎んだものとする。古注によれば、この詩は乱世にあっても礼にかなった結納を通して結婚することを望む女が、「吉士」つまり結婚相手に呼びかけたものとする。朱熹も文王の化を被ったとしてこの解釈に従う一方で、一説として、美男子（吉士）が春を待つ女を誘ったものであるとする。『詩経』召南は小序でも朱熹の解釈でも周南とともに周朝創業期の歌であり、明るい健全なものとされる。本書、二月二十六日、注(38)参照。

(78) 詩の本文は「舒而脱脱兮、無感我帨兮、無使尨也吠」（召南、野有死麕《しきん》）。兊兊（脱脱）とは古注と朱熹ともにゆっくりすること。吉川幸次郎『詩経国風』（岩波書店、一九五八）ではここを、「しかしあせらずにゆっくりとね。わたしの手ぬぐいにさわっちゃいや。犬をほえさせちゃだめ」と訳する。朱熹も春に当たって思う女の歌とし、ほぼこの解釈であるが、しかしこの女は文王の化を被ったため「貞潔で自ら守る」者であり、この詩の最後は「凜然として犯すべからざる意《きもち》」を表しているとする。古注ではゆっくりと礼にしたがった結納を行うことを貞女が望んだもので、当時男が無礼で凶暴であったことを憎んだ歌であるとする。「悄悄冥冥、潜潜等等」は元曲『西廂記』に見え、恋する男が胸ときめく女の歩みを形容した表現。

(79) この詩は古注によれば、文王の化が南国（漢水流域）にまで及び、紂《ちゅう》の時代にあった淫風が改まったことを、そびえ立って犯しがたい喬木に譬えたものとする。朱熹の解釈もほぼ同じである。

(80) 詩の原文は「葛之覃兮、施于中谷、維葉萋萋、黄鳥于飛、集于灌木、其鳴喈喈」。

(81) 詩の原文は「八月剝棗、十月穫稲、為此春酒、以介眉寿」。

(82) 原文「発詩令」。詩令とは、詩を作る前にあらかじめ定めておく約束事。

(83) 原文「出而哇之」。もと『孟子』滕文公下に見える表現。

(84) 顧雍のこと。三国時代、呉の孫権の部下で、醴陵侯となる。字は元歎。孫権とともに酒席に出たことがあったが、酒を飲まずものも言わなかったので、一座は楽しまず、孫権も「顧公が座にいて、楽しませてくれない」と言ったという（『三国志』巻五二）。

（85）「時中之聖」とは通常、孔子のこととされる。時中とは『中庸』「君子の中庸は、君子にして時中す」にもとづき、時の宜《よろ》しきにしたがって、何時どこでも過不足なく処置できること。

（86）冉雍は孔子の十大弟子の一人で、字は仲弓。徳行に優れた。『論語』顔淵では、冉雍が孔子に仁とは何かと問うたのに対して、孔子は「己の欲せざるところを人に施すことなかれ。邦にありても怨みなく、家にありても怨みなし」と答えた。冉雍は「私は不敏ではありますが、お教えに従います、思いやりの気持ちを持つよう努めます」と言ったという。また『論語』子路でも、政治家となった彼がどのような政治を心がけるべきか、と孔子に問うたところ、「小過を赦《ゆる》せ」というのを答えの一項目に挙げている。陸飛は洪大容がいささか厳しすぎて「時中」ではないと見なし、金在行に対してもう少し寛大であれと忠告した。

（87）『乾浄衕筆談』には、このあと次のような文章が挿入される。

金在行が陸飛に対して「陸飛さんと私とは心根《こころね》では同じだと思っていましたが、今やっと陸飛さんが私に大いに及ばないのに気がつきました。私の場合、顔色を変えなくても大器（大きな酒器）が自然とやってきますが、陸飛さんはあれこれ威《おど》してやっと、大器が出てきます。陸飛さんは「これを道《みち》びくに政を以てす」（『論語』為政、人民を統治し指導するのに、法制禁令を用いる）であるのに対し、私の方は「これを道《みち》びくに徳を以てす」（人民を統治し指導するのに、道徳を用いて行う）で、まったく違います」と言った。陸飛が笑って、「これが朝鮮と中国の違いです」と言ったので、金在行は「それなら朝鮮の幸いです」と言った。陸飛は「偶然ですよ」と言い、金在行は「君子は徳をもって人を感化しますが、陸飛さんは威《おど》して人を従わせます」と言った。陸飛は笑って、「「これを斉《ととの》うるに刑を以てす」（同じく『論語』為政、人民が規制からはみ出ないようにするため刑罰を用いる）は「これを道《みち》びくに徳を以てす」には及びません」と言った。

金在行が韓生（注(57)の山西省の挙人）を見つめて、「お見受けするところ、韓さんもよい心根をお持ちのようです」と言うと、韓生は笑って、「心根がよいものですか。ただ大酒を飲むだけです」と言った。厳誠は「心根がよくなければ、北京には牛の毛ほど多くの人がいるのですから、私もお付き合いしません。この方にしても、遠いところから私の顔色を見定めておいて駆け付けて来るなど、できるものですか」と言った。一座の者はみな笑った。

(88) 原文「翺翔于蓬蒿之間」。『荘子』逍遥遊に見える。鵬が広い空や大海原をひとっ飛びし、鯤が自由に大海を泳ぎ回るのと比べて、小鳥が自らのことを言った言葉。蓬のような低い雑草をこせこせと飛び回ること。

(89) 前注(52)に続く言葉。

(90) 小白の小は小さい杯、白は何もないこと。小さい杯で一気に飲んでなくなること、と洪大容は解釈した。あるいは『春秋左氏伝』荘公二十二年に、斉の桓公が陳敬仲と酒宴を楽しみ、夜まで飲み続けようと言った故事を厳誠は意識するか。

(91) 『孟子』公孫丑上に、孟子は何が得意かと尋ねられ、「浩然の気を養うのが得意である」と答え、さらに「その気たるや、……天地の間に塞がる」と言ったと見える。ここでは気と器とが同じ音 qi であることに因んだ掛詞。浩然の気とはのびのびとした和気。

(92)『論語』為政、「君子は器ならず」。君子は特定の用をなす技術屋ではない。

(93)原文「狂語不須刪」。蘇軾『東坡詩集注』巻二、与毛令方尉游西菩提寺二首に「一笑して相《あ》い逢うことなんぞ得やすからん。数詩の狂語は刪《けず》るを須《もち》いず」。

(94)おそらく孔子が弟子の子貢を「汝《なんじ》は器なり」(『論語』公冶長)と言ったことを意識する。器でしかない人物は、人を器として自在に使いこなせない。

(95)李白『李太白文集』巻二〇、月下独酌四首に、「ただ酒中の趣《おもむき》を得んのみ。醒めたる者の為に伝うるなかれ」。

(96)原文「天縦」。『論語』子罕。弟子の子貢が孔子は聖者かと問われ、「天これを縦《ほしいまま》にして将《まさ》に聖ならしめんとす」、天が許した生まれながらの聖人だと答えた。

(97)原文「邪話方衮衮」。金在行が鄭声＝淫声の対語として正声という語を出したため、陸飛はさらに雑ぜかえして正声の対語として邪話という語を出した。

(98)原文「万事分皆定、浮生空自忙」。元曲「趙盼児風月救風塵雑劇」などいくつかで、「万事は分已《すで》に皆定まり、浮生は空しく自ずから忙し」と歌われる。

(99)『礼記』檀弓上、「君子の人を愛するや徳を以てし、細人の人を愛するや姑息を以てす」。本当の愛は、無原則的な寛容、許容であってはならない。

(100)原文「曲終奏雅」。『史記』司馬相如伝に、「曲終わりて雅を奏す」とあり、淫らな鄭や衛の音楽をさんざん奏でた後で、雅びな音楽を演奏するようなもの。

(101)『象山集』二四巻、外集四巻、付録四巻。洪大容ほどの知識人が、朝鮮で読んでいなかったのは注目される。

(102)原文「事功」。王陽明は心即理、致良知を唱えた思想家として有名なだけではなく、江西省南昌に封建されていた皇族宸濠《しんごう》の反乱を鎮圧した功労者としても明代では有名で、生前に新建伯という爵位を授けられた。

(103)良知とは、人間が生まれながらに持っている道徳的な直感知。陽明学の根本概念の一つ。もと、『孟子』尽心上に「人の学ばずして能くするものは、その良能なり。慮《おもんぱか》らずして知るものは、その良知なり」、とあるのにもとづく。

(104)『乾浄衕筆談』ではこの後、次の長文が挿入される。

金在行は「私には朱子の学問がどのようなものか、陸象山の学問がどのようなものかわかりませんが、「入りては孝、出ては恭」（朱子が書いたとされる『小学』の題辞。家の中では孝行せよ、家の外では恭順に）と「君を愛すること父の如くす」（『中庸』にいう「庶民を子とすれば則ち百姓勧《すす》む」の解釈として、たとえば元の景星が『中庸集説啓蒙』で、「もし君が民を待《たい》すること子の如くすれば、民が君を愛すること父母の如くするなり」、という）こそが大問題です。たいてい儒教の根本が何か、適正なところをつかみにくく、末流の者が正しい伝承を失って、皮膚の部分だけつかみ取ってそれぞれ意見を異にし、みな超然達観することができません。私は東夷（東の野蛮民族）におりますが、昔の聖人の書をよくよく読むと、自然と腹立たしく悲しい気持ちになります」と言った。

厳誠は初めて金在行が書いた朱子や陸象山の言葉を見て、「金在行さんも学問を議論しようとなさるんですか。おそらく洪大容さんに叱られ、論駁されるのが関の山ですよ」と言った。思うにこれより前、金在行が謹独（慎独のこと、第1巻二一〇頁、注〈45〉）について間違った解釈をしたことに対して、私がそれは大きな誤りだと言ったからで、厳誠はおそらくこれでからかったのである。

潘庭筠は「金在行さんは学問について議論されませんが、おっしゃることは聖賢が着手するところをすでに心得ていらっしゃいます。性とは何か、命とは何かと口先だけで話しても、本当に何の利益があるのでしょう」と言った。金在行は「あなたは私が学問を議論しないのがなぜか、わかっておられない。私は自分で自分は聖人の域に達した者だと考えているのです。舜とはどんな人でしょう、私とはどんな人でしょう」と言った。一座は大笑いした。厳誠は「聖人の域に達した云々」のところを指さしながら、「すばらしい！　すばらしい！」と言った。

金在行がまた「人の善と悪は一心にあるのみです。天性がすべての人に付与されているのです。「欲」という一字が善と悪をなすのですが、私はそのうち善だけを持っております」と言うと、一座はまた笑った。厳誠は「一心にあるのみ云々」と書いたところを指さして、「これは陸象山の学ですぞ」と言ったので、また大笑いした。

金在行は「今まで言ったことはみな冗談です。たいてい人は私欲がなければ、百善すべてが明らかになります。人は私欲が起こった時、言葉で隠したり言い訳したりしますから、面と向かっている時はおたがい深くわかりませんが、別れた後で自然と公正な評価ができます。あなたはきっと後で私のことを思われますが、もう間に合いません。間に合わないからといって、どうしたらよいのでしょうか」と言った。一座はまた大笑いした。厳誠が「私もそう思う」と言うと、また大笑いした。

潘庭筠が金在行に向かって、「金在行さん、どうして毎日ここへ来て一杯飲まれないのですか」と尋ね、陸飛も「明日、こちらへお越しになって飲まれては」と言った。金在行は、「一日百回でも参りたいですが、面倒をおかけするのではないでしょうか」と言った。陸飛が「何をまた水くさいことを。これではあなたと一緒に飲めるところまでまだ行っていませんな」と言うと、金在行は「私が何で水くさいことなど申しましょう。結局のところ不都合なことが起こります。もしわが友にご迷惑にならなければ、私が何でお断りなどしましょうか」と言った。潘庭筠は「先生《あなた》がしょっちゅう来て飲もうとされるのでしたら、俗物どもが疑いの目で見たとて、気にすることはありません」と言った。

(105)『史記』巻六三、老子伝に、「君子は盛徳なれば、容貌は愚なるが如し」という。洪大容が謙遜して愚か者のようなふりをするのをからかった。

(106)原文「不是、不是」。口語である。

(107)『論語』子路。理想的な人間は中行の人、つまり中庸であり得る人であるが、これを見つけられない時は「狂者」つまり勇猛果敢で積極的に前に進む人か、「狷者」つまり意地っ張りで普通の人ならすることでもしない人かがよい、とする。

(108) 原文「也罷了」。やはり口語。
(109) 『乾浄衕筆談』では、以下のような叙述が続く。
戒めた。(私は金在行を抱えて車に乗り込み、)「帰ったらすぐに横になって人と会わないように」、と私が伯父の炕《オンドル》の部屋に入ったところ、ちょうど正使と副使も一緒に坐っていたので、私は事の仔細を話して詩や絵画を見せると、みんな驚いた。金在行がしばらくしてやって来たが、話に脈絡がなかった。副使(金在行の従兄の金善行)は事の真相に気づき、私に対して「あなたは「人を愛するに徳を以てする」(前注〈99〉)をなさらない」と言った。私は謝りながら、「まことにお教えのとおりですが、今日のことは普通の道理では論じられません」と言ったのだが、副使はやはり笑って何も言わなかった。

二月二十四日

(1) 原文「大亨」。易の言葉。スムーズに通る。
(2) 原文「有徳有言」。朱熹『晦庵集』巻八五、六先生画像賛では司馬光を「徳有《あ》り言有り」と誉めている。
(3) 原文「魚相忘於江湖」。『荘子』大宗師に「泉涸《か》れて、魚の相《あ》いともに陸に処《お》り、相い呴《ふきか》くるに湿を以てし、相い濡《うるお》すに沫《あぶく》を以てするは、相い江湖に忘るるに如かず」。
(4) 瑞石とは全羅南道光州の雅名であるが、一方、その東近郊に無等山またの名を瑞石山という景勝地がある。洪大容はこの景勝の地を訪れたのかもしれない。

（5）『湛軒書』内集巻四に「祭羅石塘文」がある。
（6）十六世紀、宋庭筍、号は勿染亭が全羅道同福県に建てた亭《あずまや》。
（7）いずれも徐光啓『農政全書』巻一九、水利、泰西水法に図入りで載せる。龍尾とは螺旋式水汲み機。
（8）『朱子語類』巻二、天地下に見える、朱熹が弟子の葉賀孫に対して、蓋天儀（地を象《かたど》る平面の上に、天を象って上下に半球の傘を覆せた儀器）は無意味であり、渾天儀を作るべきだと言ったことを示すか。ほかに同巻には、天文と璣衡（渾天儀）に関わる議論がしばしば見える。
（9）『退渓先生文集』巻二七、答金慎中には、彼が渾天儀（渾儀）を作ろうとしたという簡単な記事がある。李滉は第1巻二四〇頁、注(21)。
（10）『宋子大全』巻八〇、与黄君美には、彼の渾天儀（渾儀）に関わる簡単な見解が見える。宋時烈は第1巻二四一頁、注(27)。
（11）洪大容の父洪櫟が羅州牧使（州の長官）であった。
（12）一年を一五日ごとに分けた節季。小寒・大寒・立春など二四節季。
（13）天を東西南北の四宮に分け、各宮をさらに七宿ずつに分けたもの。宿とは星座。
（14）湖庄とは、渾天儀が置かれた洪大容の別荘、湛軒が忠清道つまり湖西にあったから、ここを示すか。
（15）第1巻一九七頁、注(14)。
（16）原文「或酔以酒、或飽以徳」。『詩経』大雅、既酔。

（17）『朱子語類』巻一一三、朱子、訓門人で、「気質を変化すること、最も難し」と言う。
（18）底本、奎章閣A本では「渾義」と作るが、奎章閣B本、延世大学本、東洋文庫本、湛軒書本、では「渾儀」と作るので、これによる。

二月二十五日

（1）たとえば朱熹『晦庵集』巻九五下、張公行状に「非常の恩を受くる者、非常の報を図る」などとある。

二月二十六日

（1）原文「比激水甚簡要」。『乾浄衕筆談』で「此激水甚簡要」と作るのは、誤り。なお中国で渾天儀はもと水仕掛けで動くようになっていたので、このような混乱がおこった。
（2）「時中」の語は二月二十三日の筆談（一〇五頁）で、厳誠が洪大容を評して「洪大容さんは時中の聖である」と言ったところで現れる。ただ「純粋」の語は『乾浄筆譚』では現れない。同じ二月二十三日（湛軒書本一六一頁上、上海古籍出版社本九三頁）に、やはり厳誠が洪大容を評して、「「純粋で精である」とは、洪大容さんのことである」と言うところに現れる。これは洪大容が『乾浄衕会友録』をもとに『乾浄筆譚』を編纂する段階で、「純粋」の語も「時中」の語も削らなかったと勘違いしたからであろう。なお、「純粋にして精」とは『易経』乾に、乾つまり天の働きを「剛健中正、純粋にして精也」とあるのにもとづく。

（3）屈原は戦国時代の楚の人。懐王の時に讒言にあって追放され、『離騒』を作って志を示した。のち再び追放され、汨羅《べきら》に身を投げて自殺した。宋玉も戦国時代楚の人で、屈原とともに楚辞の作家として併称される。

（4）原文は「君子枢機之発」。『易経』繋辞上には、「言行は君子の枢機なり。枢機の発は栄辱の主なり」とあり、言行は君子にとって枢《すう》（扉の回転軸）や機《いしゆみ》（弩のひきがね）のように最も大切なものであり、それを発する瞬間こそ慎むべきこととされる。

（5）原文「輯柔爾顔」。『詩経』大雅、抑に見える言葉で、輯《おだ》やかで柔和な顔つきをして貴人を接待し、過罪を得ないようにすること。

（6）原文「溺於人、而阿所好」。『大戴礼』によれば、周武王の盥槃《かんばん》には、「人に溺れるよりは淵に溺れよ。淵に溺れたのであれば、まだ泳ぐことができるが、人に溺れた時には救いようがない」と刻まれた銘文があったという。盥槃とはたらい。

（7）原文中で用いられる「過」と「不及」は、『論語』先進に「過ぎたるは猶お及ば不《ざ》るがごとし」とあるように、儒教の重要な概念。「知り過ぎ」の原文「知之過」は朱熹『中庸輯略』巻上、『四書或問』巻三、などに見える。

（8）原文「見人之好処、只当中心蔵之而已」。「中心に之れを蔵す」は『詩経』小雅、隰桑《しっそう》に見えるが、全フレーズの出典未詳。

（9）原文「不激不随」とは、『易経』の遯《とん》や明《めい》を解釈する言葉で、暗愚な君主や小人（つまらぬ人間）に対処する時、過激に反抗する態度をとらず、しかもこれに随い流されないようにすること。

（10）原文「不啻若自其口出」は『書経』秦誓に「人の彦聖なる、其の心之れを好《よ》みし、啻《ただ》其の口より出だすが若きのみならず」とあるのにもとづく。人のすばらしい点を口だけではなく、心から好むこと。

（11）原文「愛人以徳」は『礼記』檀弓上に見える曽子の言葉「君子の人を愛するや徳を以てし、細人の人を愛するや姑息を以てす」にもとづく。本書二五二頁、注(99)。二月二十三日注(109)に見えるように、金在行と宿舎へ帰った洪大容は、金善行からこの言葉で叱られている。

（12）原文「易地而思」は、もと『孟子』離婁下に見える。人が溺れていれば、自分が溺れているように思い、飢えた者がいれば自分が飢えているように思うように、聖人や賢人は誰でも立場を超えて同じように思うということ。

（13）『乾浄衕筆談』には、以下に長文が挿入される。潘庭筠はその姓を巴という満州人を伴って帰ってきた。彼は戸部のビテシ（書記官）という官位にある官僚であった。厳誠は彼を潘庭筠の「継父」であると紹介したが、洪大容には何のことかわからなかったので、厳誠は「拝乾」だと説明し「極めて下品な風俗だ」と書いた。潘庭筠はこの説明を読んでも微笑するだけで、変だとは考えず、「父の友人だ」と言った。厳誠が「陳良の弟子である陳相が、今の潘庭筠さんである」と説明すると、潘庭筠も笑った。

要するに男色の相手であると考えられる。陳良と陳相のことは『孟子』滕文公上に見え、二人とも戦国時代楚の人とされる。陳良の方は、田舎の出身であるにもかかわらず、他の人に先駆けて儒学を学んだ人物として、「豪傑の士」と高く評価される一方で、陳相は何十年も陳良に師事しながら、その師が死ぬや許行（儒家ならぬ農家）にくっついた人物として、孟子から厳しく非難された。ただし、陳良と陳相の関係を男色であるとする考えが、いつから始まったのか、またその出典は何か、未詳。

さらに洪大容はこれを受けて、浙東と浙西とではそんなに人が違うものかと問うている。厳誠がもと浙東（紹興）の出身であるのに対して、潘庭筠は浙西（杭州）の人だからである。洪大容はさらに明末万暦年間に豊臣秀吉が朝鮮を侵略した時、「浙兵」に助けられた、とも述べた。

この満州人が筆談記録を開いて見たので、厳誠は「継父云々」と書いたところと「万暦東征云々」というところは、隠して見せなかった。この満州人は帰ったが、陸飛は厳誠が「（拝乾つまり男色の）風俗は極めて下品な風俗である、云々」と書いたところを筆で塗りつぶし、彼がこのところを見たなら、気持ちがおさまらなかったであろうと言ったという。なお、ハングル本『乙丙燕行録』では、潘庭筠が満州人を伴って朝帰りしたことをも含めて、この部分はすべて削除されている。

（14）以下、『乾浄衕筆談』によれば、朝鮮使節の正使らが北京国子監を訪問した時、金在行は張元観に初めて会い、前日二十五日も彼に会うために国子監へ行ったという。また『乾浄衕筆談』の二十四日によれば、張元観は国子監助教であり、やはり浙江人であった。彼も陸飛が画家として有名であると述べる。『湛軒燕記』巻一、太学諸生によれば、洪大容は二月二十四日に彼と会った。また金在行が二十五日に張元観にその詩を見せてくれと求めて見たところ、私稿の多さと字の上手さに驚嘆したという。

(15) 清代では、北京内城は中城、東城、南城、西城、北城の五ブロックに区画されていた。北城とはおおよそ皇城の北東地域で、八旗のうち鑲黄旗の兵士の居住地とほぼ重なる。内城は清代では英語でタタール・シティと呼ばれるとおり、もと満州人の居住区だった。第1巻地図参照。

(16) 以下の太宗(ホンタイジ)の言葉は『清実録』崇徳元(一六三六)年十一月癸丑など、清朝文献に数多く見える。

(17) 達海庫爾纏は『乾浄衕筆談』で巴克什達海庫爾纏とする。達海(ダハイ・Dahai)、庫爾纏(クルツァン・Kūrcan)ともに『清史稿』巻二二八に伝がある。バクシ(巴克什)とは儒者、学者を意味する称号。ダハイは現在の満州文字である加圏点文字を考案したことで知られる。潘庭筠は二十一歳で死去したとするが、伝では三十八歳死去。

(18) 以下、『乾浄衕筆談』ではおおよそ次のように続く。洪大容が「巴克什達海庫爾纏とは三人の名前か」と尋ねたのに対し、潘庭筠は「巴克什とは満州語であり、〝大儒〟という意味である、達海・庫爾纏は二人の名である」と答えた。

(19) 『乾浄衕筆談』では、以下の文章が挿入される。

私は、「今しばらくダハイとクルツァンの考えについて、広い見地から論じてみてはどうでしょうか」と言った。潘庭筠は「宋の司馬光が新法を改めたという先例があります。またこれは国家長久の計ですから、どうしようもありません」と言った。私は「正しい道理から言って、これではいけません。また「朝《あした》に道を聞かば、夕《ゆうべ》に死すとも可なり」(『論語』里仁)です」と言った。潘庭筠は読むと即座に破った。しばらくして「「朝に道を聞かば」の二句は笑えてきますし、心も痛みます」と言い、また「とっさに衣裳のことを書きましたが、これは『実録』にある言葉です」と言った。私は「舜は〝東夷の人〟ですし、文王は〝西夷の人〟です（『孟子』離婁下）。「王侯将相に寧《いずくん》ぞ種あらんや（『史記』陳渉世家、誰でも高い地位につける）」ではありませんか。かりにも天命を受けて人民を安定させることができるのなら、これは天下の義主、正しい主人（『二程遺書』巻二下、「それ王なる者は天下の義主なり。民以て王となせば、これを天王天子という。民以て王となさざれば、則ち独夫たるのみ」）です。本清朝が山海関を突破して以降、流賊（李自成）らを平定してから今まで百年以上、人民は落ち着いて生活しておりますから、統治方法は立派で盛んだと申せます。ただ礼や音楽、もろもろの器物はすべて先王の旧制に従ってこそ、正しい政治がなされると主張する天下の知識人に不満はなくなるでしょうし、後世にも説明できます。あなたがもし官僚となったら、この正しい道理というものを上にも下にも伝え、ダハイとクルツァン二人の言葉を再度明らかにし、天下を幸せにしてくだされば、我々も光栄です」と言った。

潘庭筠が「私は農夫となって死ぬことしか考えておりません」と言うので、私は「あなたは栄達なさる容姿をされていますので、私は贈る言葉の中ですでにこの点に論及いたしました。夏殷周三代の礼と音楽こそ、二人の言葉なのです。あるいはおわかりになったでしょうか」と言った。潘庭筠は「そんなことを言っても、何の役にも立たぬでしょう」と言うので、私は「私のなすべきことをしたまでです。その結果がどうなるか、論ずるところではありません」

と言った。潘庭筠は「決して忘れません。しかし、官となるかどうか、まだわかりません」と言った。

『乾浄衕筆談』ではさらにこの後ろに、朝鮮使節の出発の日が二月二十九日となるか三月一日となるか未定のこと、厳誠らが送別のために玉河館を訪れると不都合なこと、などが述べられる。出発の日に厳誠らが北京城外へ出てきて、そこで会えないかと洪大容が尋ねたのに対して、潘庭筠が三月一日は絶対に不可能であると言い、これを受けた厳誠が、当日は彼らの座師（試験官）である日講起居注官、翰林侍講学士銭大昕《せんだいきん》が早朝に自分たちに招集をかけており、彼の先生に謁見することになっている、という。銭大昕の自撰年譜『竹汀居士年譜』乾隆三十年に、彼が浙江郷試の試験官となった時に合格させた人材として、陸飛、潘庭筠、厳城（厳誠）三人の名を挙げていることについては、「解説」参照。

金在行は副使の金善行が三人と最後の面会がしたいから、天壇の東の崇文塔の下で会えないか、と言っていると伝える。陸飛は、洪大容が出発する日に北京城外へ出てそこで送別してはどうかと言ったプランについて、人目が多いうえに一言も交わせないのだから、無意味であると言う。

金在行は厳誠に対して、「養虚堂記」に記された「酒」の字を改めてくれないかと頼む。厳誠は近日来、同郷の者が陸飛と北京に到着し、これとの付き合いで多忙を極めている、と嘆く。

（20）原文「地負海涵」。大地が何でも背負い、海が何でも受け入れるように、心の広いこと。たとえば、李白を評価する時の表現。涵と含とは同音。

（21）原文「間世豪傑之士」。「豪傑の士」とは、『孟子』尽心上で、「かの豪傑の士のごときは、文王なしといえども、なお興る」と言われるように、文王のような聖人がいてはじめて発奮して立ちあがるのが「凡民」であるのに対して、自らの力で独創的なことを始める人物。前注(13)に見えるように、孟子は陳良のような人物を「豪傑の士」と呼ぶ。

(22)　原文「執鞭之士」。『論語』述而に、「富にして求むべくんば、執鞭の士と雖も、吾れ亦たこれを為さん」とある。卑しい身分を表すことは同じであるが、ここでは意味を異にする。

(23)　原文「窮高極深」と類似した表現は、『礼記』楽記に、「窮高極遠にして、測るに深厚なり」とある。

(24)　本書二三一頁、注(25)。

(25)　原文「原情定罪」。法学用語。

(26)　原文「簸《ひ》弄《ろう》光景」。玩弄光影と同じ。たとえば黄宗羲『明儒学案』凡例で、王陽明の弟子である王畿（龍渓）の学は「光景を玩弄するもの」、とマイナス評価がなされる。

(27)　原文「倒行逆施」。常道に逆らって行き、普通とは逆なことを行う。『史記』伍子胥伝に、「吾れは日暮れて塗《みち》遠し、吾れ故に倒行して之れを逆施す」とある。

(28)　原文「論胥為葱嶺」。葱嶺とはパミール高原で、仏教のこと。朱熹『晦庵集』巻三五、与劉子澄、巻三六、寄陸子静で、陸象山の学は「葱嶺（仏教）から持って来たもの」と批判する。陸子静とは陸象山のこと。仏教はしばしば、現実の社会を無視し去るから、実際の役に立たないとされる。

(29)　原文「平藩事」。本書二五三頁、注(102)。

（30）原文「明庶物」。『孟子』離婁下に、「舜は庶物に明らかにして」。
（31）原文「窮而独善」。『孟子』尽心上、「窮すれば則ち独りその身を善くし、達すれば則ち天下を兼ね善くす」。逆境にある時は、自分一人の修練に励む。
（32）原文「義理天下之公」。朱熹『晦庵集』巻五四、答諸葛誠之。
（33）原文「孔門五尺之童、羞称五覇」。『漢書』董仲舒伝に、「仲尼の門、五尺の童も五伯を称するを羞ず」とあり、朱熹『孟子集注』梁恵王章句上では、董仲舒の説を引きながら、「仲尼の門、五尺の童も五覇を称するを羞ず」と言う。春秋の五覇とは、斉の桓公、晋の文公など、王道によって天下を導くのではなく、覇道つまり権勢によって天下を導くに至った五人。
（34）原文「伝信伝疑之義」。『春秋穀梁伝』桓公五年に、「春秋の義は、信は以て信を伝え、疑は以て疑を伝う」と言う。
（35）『史記』孔子世家に言う。
（36）ここで言う十五篇とは、周南・召南・鄭風などを数える。
（37）原文「謔浪笑傲」はもと『詩経』邶風《はいふう》、終風に見える言葉。
（38）『詩経』国風の邶風以下、鄭風などに含まれる一三五篇は変風と呼ばれ、道徳の衰えた時代に作られたとされる。これに対して国風の周南と召南に含まれる二五篇は正風と呼ばれ、王道の盛んな時代に作られたとされる。
（39）「葛覃」では、「黄鳥は于《ゆ》き飛びて、灌木に集《つど》い、其《そ》の鳴くや喈喈《かいかい》たり」とあるところ、朱子は「葛葉方《まさ》に盛んにして、黄鳥は其の上に鳴くなり」と解釈していた。本書、二月二十三日、一

○一頁。

(40) 原文は「活看」。『朱子語類』などでしばしば用いられ、「死看」が文字に拘泥して解釈するのと逆のこと。

(41) 原文「郷愿」は『論語』陽貨に「郷原は徳の賊なり」とあるのにもとづく。朱熹は『論語集注』で、原は愿（くそまじめ）であるとする。狭い田舎で良い人だと言われる者こそ、真の道徳の破壊者であり賊であるとする。

(42) 原文「不敢自信而信其師」。『近思録』巻三、格物窮理篇に、程頤の言葉として見える。朱熹も程子の言葉として引用。

(43) 『詩経』大雅、烝民の原文には「天は烝民（多くの民）を生み、物有《あ》り則《のり》有《あ》り。民の懿《い》（常理）を秉《う》くるや、是《こ》の懿徳《いとく》（美徳）を好む」とあるところ、孔子は「この詩を作った者は、道とは何かよく理解している」と誉め、「万物には必ず法則がある。人心はもともと常理を天から賦与されているのだ（也）、故にこの美しい徳を好むはずだ」と、原文に「必」「也」「故」の三字を加えて説明したという。『孟子』告子上に見える。洪大容は孔子さえも、一字の実字も加えず、虚字を加えるだけで『詩経』の詩を解釈したとして、この事例を挙げる。

(44) 『周易』の研究者、注釈家として有名である後漢の鄭玄から三国魏の王弼をへて、北宋の程頤に至るまで、易を占いのためのものと見るのは卑俗であるとして斥け、これを自然現象と人間行為との相関を書き記したもの、もしくは修養のための書と見なしてきた。朱熹はこれに対して、「易はもともと卜筮《うらない》のために作られたものである」（『朱子語類』巻六六）とし、人が倫理を超えて決断を迫られた時に用いるべき占いのための書である、と捉え直した。

（45）底本、奎章閣A本、延世大学本、東洋文庫本ともに、ここのところの欄外には、次の文章が小文字で書き込まれている。奎章閣B本では、この文は以下の潘庭筠と洪大容の問答の次に挿入される。

厳誠は私の手紙を持って炕《オンドル》の下の大きなテーブルへ走ってゆき、陸飛と首を集めてこれを読んだ。しばしばテーブルを叩いて大声を出し、喜びの色が顔にあふれ、ほとんど踊りださんばかりであった。潘庭筠は背後からざっと読み、走ってきてこの言葉を書いた。厳誠は後からやって来て、「觿を佩ぶ」という問題で私を非難した。潘庭筠も楽しげに笑い、少しも不満そうな顔色はなかった。

（46）芄蘭は『詩経』衛風に収める。觿《けい》とは象牙で作った錐《きり》であり、大人がぶら下げるものであるが、年若くして即位した恵公が小生意気にもぶら下げている、として衛の家老が謗った、とするのが小序の解釈、これに対して朱熹『詩集伝』巻二では、「この詩は何を言いたいのかわからない。強引に解釈しないでおく」と述べている。

（47）『乾浄衕筆談』では以下に、ほかに問答が多かったが、記憶していないこと、洪大容がなかなか意見が一致しないから、しばらく止めようと提案したのに対して、陸飛が少し待ってくれと言って、自分の意見を書き始めたことが記される。したがって、本書では以下に、「陸飛は……と言った」と訳すところも、『乾浄衕筆談』では「陸飛が書き終わって、これを見せた。私が読んだところ、次のようであった」となっている。

また、二月二十三日に登場した山西省の韓某（本書二四二頁、注〈57〉）が、泥酔して再び現れ、洪大容に墨書を書いてくれと求めたのに対して、巧妙な受け答えで断ったことを記す。

(48) 原文「説詩之道、不以文害辞」。『孟子』万章上に見える。孟子が詩の解釈方法を述べたところ。

(49) 『詩経』鄭風の篇名であり、かつ「有女同車」にも見える語。朱熹はともに淫女がその思う男に戯れて、「この色男！」と呼びかけた言葉であるとする。先の狂童と同じ（本書二四八頁、注〈75〉）。

(50) 『春秋左氏伝』襄公二十七年によれば、鄭の伯（簡公）が宋から帰途にあった晋の趙孟（趙武）を饗応した。この時、鄭の七人の大夫が鄭伯に随行して宴席に臨み、趙孟の求めに応じてそれぞれ詩を歌って接待した。その時歌われたのは「草虫《そうちゅう》」（召南）、「鶉之奔奔《じゅんしほんほん》」（鄘風）、「黍苗《しょびょう》」（小雅）、「隰桑《しゅうそう》」（小雅）、「野有蔓草」（鄭風）、「蟋蟀《しっしゅつ》」（唐風）、「桑扈《そうこ》」（小雅）の七首であったとされ、陸飛がここで挙げる「野有蔓草」はたしかにあるが、「女曰雞鳴」はない。朱熹の解釈によれば「野有蔓草」は蔓草がおい繁る野原でなまめかしい美人と出くわした時の喜びを歌ったとする。また「女曰雞鳴」は仲のいい夫婦が夜明け前、相手を思いやって交わした楽しい会話である、とする。

(51) 同じく『春秋左氏伝』襄公二十七年に見える。

(52) 毛伝、鄭箋において臣下を思う詩、あるいは賢人を好む詩とされるのは、正風の「巻耳」（周南）、「汝墳」（周南）、「甘棠」（召南）、「行露」（召南）、「殷其雷」（召南）、変風の「干旄《かんぼう》」

（鄘風）、「丘中有麻」（王風）、「風雨」（鄭風）、「黄鳥」（秦風）など。また変風には、賢人が用いられないことを風刺したとされるものが数多い。孝子の詩とされるものは「凱風《がいふう》」（邶風）、「陟《ちょく》岵《こ》」（魏風）など。

（53）金尚憲は本書第1巻一八一頁注（7）。三学士とは朝鮮仁祖十四年（一六三六）に清軍の大侵略を受けた際、徹底抗戦を主張した洪翼漢、呉達済、尹集のこと。彼らは「斥和の臣」と呼ばれ、翌年正月に無条件降伏するに際して、反清の首謀者として朝鮮国王に捕らえられてホンタイジに差し出され、さらに瀋陽へ送られ殺された（『清史稿』巻五二六、朝鮮伝。『朝鮮王朝実録』仁祖十四、十五年）。李士龍は清がすでに朝鮮を支配下に収めたのち、明軍と戦うために砲兵として徴用された。錦州の地で明将の祖大寿に対して発砲すべきところをあえて発砲せず、殺された。

（54）九王とは睿親王ドルゴン（多爾袞）のこと。清の太宗（皇太極、ホンタイジ）と順治帝を助けて、明朝平定に大きな功績があった。一六三六年になされた朝鮮侵略（丙子胡乱）の際にも、皇帝ホンタイジに随行した。龍将軍とは朝鮮文献では龍骨太と記され、清朝文献では英俄爾岱（イングルダイ、Inggūrdai）と記される。馬将軍とは朝鮮文献で馬夫大または馬夫達と記され、清朝文献では馬福塔（マフタ、Mafuta）と記される。二人は一六三六年から翌年にかけてのソウル攻略、朝鮮国王仁祖の降服に際しての中心人物。ともに『清史稿』巻二二八に伝がある。

（55）清朝が編纂した正史『明史』巻三二〇、朝鮮伝では、ドルゴン、イングルダイ、マフタともにまったく出てこない。一六三六年になされた清朝の朝鮮侵略と翌年における朝鮮の降服についても、ここではほとんど記さない。これについてやや詳しい記述がなされるのは、一七四七（乾隆十二）年に皇帝の命令で編纂が始まり、この筆談がなされた頃はなお編纂途上にあった『皇朝文献通考』巻二九三、四裔考においてが、最も早い部類に属する。

(56)『乾浄衕筆談』ではこの後、次のような文章が挿入されている。

思うに、私が明朝を恋い慕うのを見て、顔つきにいささか穏やかならざるものがあったことは、情況から見て当然であった。この時、潘庭筠は小さな紙に書いては示し、その後すぐさま呑み込んでかみ砕いていった。思うに受け答えは始めから終わりまで、大半が潘庭筠の言葉であったからである。厳誠はただ傍観しているだけであった。ついには「字の書かれた紙を多くかみ砕くのも、一つの罪悪です。こんな言葉を書くのを少なくした方が、よいのではありませんか」と言い、私に対して「朝鮮でも文字の書かれた紙を敬い惜しむことは、講じられておりますか」と言った。私は「惜《もつたいな》いと思わないでよいような物がありますか。ましてや文字の書かれた紙は、物の中でも大切なものではありませんか」と言った。厳誠は、「最近、字の書かれた紙を粗末に扱うと必ず天罰を受けるとされるのは、これをもったいないと思うからではありません」と言った。

中国では惜字と言い、文字の書かれた紙は丁重に扱うべきものとされ、これは一種の宗教性を帯びた観念となっていた。個人の日々の行為につき、自分でプラスとマイナスで評価し書き記してゆき、月末と年末に差し引き計算する功過格でも、惜字はプラス得点の一行為とされている。功過格は朝鮮でも行われた。

(57)『乾浄衕筆談』では、この後ろに次の文章が挿入される。

陸飛が「山海関の東でも、朝鮮へ行って貿易する者がおりますか」と尋ねたので、私は「鳳城にある国境の門の付近の人々が、両国の国境付近で一年二回貿易をやっています。またニングタ付近の人が朝鮮の北辺にやって来て交易しておりますが、このほかにはありません」と答えた。陸飛は「わが国の北京から手紙を出すほか、手紙を送れるところがあるのかどうか、あるいは遠距離商人によって送ることができますか」と尋ねた。私は「ほかに両国に通ずる商業ルートはありません。ただ中国の登州・萊州（山東省）、蘇州（江蘇省）、杭州（浙江省）、福建の商人が乗った船が、朝鮮へ漂着することがあります。そのうちに杭州商人に遇ったら、お住まいの所を詳しく問うてみることにいたします。もしかしてその人が近くに住んでおり、信用できるのなら、手紙を送ることはできますが、必ず到着するかどうかはわかりません」と言った。

中国と朝鮮間の貿易は当時、燕行使節によって行われるものを除けば、鴨緑江の中洲である中江で行うものと、咸鏡道最北端にある国境都市である会寧と慶源を交易場とするものがあった。鳳城は中国側の国境の町で、燕行使は必ずここを経由して中国へ入る。ニングタは第1巻二三九頁、注(11)。

(58) 講学とは学問を口頭で論ずること、道学とは宋代以降に生まれ、性命義理を考究する学問。洪大容にもっぱら講学させるだけで、金在行がほとんど口を挟まないことをこのように評した。李清馥『閩中理学淵源考』巻九二、何喬遠伝にも、何喬遠のことを「講学しないことこそ道学である」と評価している。

(59) 成徳とは『易』乾に見える言葉で、完成した道徳のこと。『易』乾には、潜龍、飛龍などの語がある。陸飛は字を起潜と言うが、これは名字相関と言うとおり、龍が「飛び立つこと、潜っていること」に因んで付けられたと考えられる。金在行が「起潜は成徳なり」と述べたのも、これに因んでいる。なお、潜龍とは潜んで隠れている龍のこと。

(60) 『易』乾には「君子は……この故に上位に居りて驕《おご》らず」とある。

(61) 原文「人雖至愚、責人則明」。北宋の人、范純仁の言葉（『宋史』巻三一四、范純仁伝）。朱熹『四書或問』巻二などに見える。

(62) 原文は「尤物」、つまり絶世の美女。『春秋左氏伝』昭公二十八年に「尤物（絶世の美女）というのは、人の心を惑わすものだ」と言う。

(63) 『礼記』礼運に「飲食男女、人の大欲ここに存す」とあり、聖人はこのような自然な人情を肯定するとされる。

(64) 原文は「酒是先生饌、女為君子儒」。前半は『論語』為政に「酒食あれば、先生に饌《せん》す」にもとづき、酒やご飯があれば、先生つまり先輩にまず差しあげる、ということ。時に洪大容は三十六歳、陸飛は四十八歳、金在行は四十九歳であり、金在行が最も先輩であった。後半は同じく『論語』雍也に、「女《なんじ》、君子の儒と為れ」と孔子が弟子の子夏に教えた言葉。お前は小人（つまらぬ男）のごとき儒者になってはならぬ、大物になれとの教え。

(65) 『近思録』巻一、道体篇で、周敦頤『太極図説』の言葉「君子、之を脩むれば吉」が引用され、これに対する朱熹の注で「敬なれば欲寡《すく》なくして理は明らかなり、之れを寡なくして又寡なく、以て無に至る」と述べる。寡欲をさらに突き進めて無欲に至ることを言う。

（66）『乾浄衕筆談』では、この後ろに次の文章が挿入される。

金在行は、「人情として最高に楽しいことや最高に哀しいことは、明君や厳父であっても止めさせるのは難しい、と私はむかし言ったことがあります。人の好色とは身の中から出てくるもので、外の人がとやかく言って出せるものではありません。好色な者は必ず死ぬと知っているだけで、外の人が勧めたり止めさせたりできぬものだとは、とんとわかりません」と言った。潘庭筠は大笑いして、「見事なご議論です。好色な者は死ぬことすら畏れません。いわんやその他をや、です」と言った。金在行は、「正直なるかな潘さん！ すばらしいかな潘さん！このようにして意志が強固であれば、聖域に至ることもできます」と言った。

潘庭筠は、「お二人のお教えをいただくのは、夜明けの鐘を聴くようで、夢が今にも覚めてしまいそうです」と言った。金在行が「「月が落ち星がかすかに見えるだけになって、夜明けの鐘の声がする。春風に揺れる門前の柳」（『唐詩品彙』巻三六、楊巨源の詩、遊女との一夜を歌う）という時でも、目が覚めますか」と尋ねると、潘庭筠は大笑いして〝春風〟の句に圏点を打ちながら、「どうでしょうか」と言い、また「鐘の声はことに人を悩ませます。私は耳を塞ぐことにしましょう」と言った。

この後ろに「血気がいまだ定まることなく」が直接に続く。『乾浄筆譚』では以上の文章がカットされているために、潘庭筠が悪ふざけしている様が除かれ、まじめになりすぎている。

（67）『論語』季氏に、「孔子曰く、君子に三戒有り、少《わか》き時は、血気未だ定まらず、之れを戒むること色に在《あ》り」と言う。

(68) 原文「未嘗有所遇耳」は、『易』序卦伝の「決（夬《かい》）すれば必ず遇う所あり。故にこれを受くるに姤《こう》を以てす」にもとづく。序卦伝とは合計六十四の卦の順序を説明したもので、夬に姤が続く。『易』姤卦で「姤《こう》は遇《ぐう》なり。柔が剛に遇うなり。用《もっ》て女を取《めと》るなかれ」と言うように、男勝りの淫乱な女が男に偶然遇ったとしても、男はこれをめとってはいけない、とする。女みたいだと言われたことを意識した、潘庭筠の悪ふざけである。

(69) 原文「喜聞過」。『孟子』公孫丑上に、孔子の門人である子路は人から過ちを忠告されると喜んだ、と言う。続く「過而能改」も、漢の趙岐『孟子』注。

(70) 『論語』子張に、子夏の言葉として、「小人の過《あやま》ちや、必ず文《かざ》る」と言う。小人とは君子に対する言葉で、彼らは過ちがあってもきっと言い訳をする、と言う。

(71) 原文「為己之学」。『論語』憲問に「古えの学ぶ者は己《おの》れの為《ため》にし、今の学ぶ者は人の為にす」と言う。本当に自分を向上させるための学問。

(72) 原文は「達心而儒」。『春秋穀梁伝』僖公二年に、賢臣と言われる虞の宮之奇について、よく気がつく人物でありながら気が弱いため、君主に直言すべき事柄でも言えないことを欠点とする。

(73) 『論語』衛霊公に、「躬《み》自《みずか》ら厚くして、薄く人を責むれば、則ち怨みに遠ざかる」と言う。厚く自らを責めて、人をあまり責めなければ、人に怨まれない。

(74) 原文「学必講而後明」。『論語』述而に見える「学之不講」に対する尹焞の注釈。尹焞は宋代の儒者。自分一人だけでの修養には限界があることを言う。

（75）『乾浄衕筆談』では、金在行の生活に関わる話題が以下のように記される。

潘庭筠はまた、「金在行さんはご帰国の後、何をなさいますか」と尋ねた。金在行は「白毛《しらが》頭で受験勉強をするだけです」と答えた。潘庭筠が「まだ科挙を受けられるのですか。官僚として仕えないわけにはいかないのですか。家は貧しくないのではありませんか」と尋ねた。金在行は「仕えるつもりのない者が、受験勉強などいたしますか。貧しくない者が、白毛頭になっても科挙を受けたりいたしますか」と答えた。厳誠が「苦極まる（最高に苦しい）ですね」と言い、潘庭筠は「ご子息は何歳ですか」と尋ねた。金在行は「子供はおりません」と答えた。厳誠が「奥様はおいくつですか」と尋ねると、金在行は「死に別れです」と答えた。厳誠は「もっとも苦極まる、ですね」と言うと、金在行は「妾《めかけ》がおります」と言った。厳誠が「とすれば、貧しくはない」と言うので、私は笑って「金さんには二人の美人がいますよ」と言った。潘庭筠が「だから貧窮なさる」と言うので、私は「違います。貧窮しないようにとして、結局またそうならざるをえないのです」と言った。金在行は「「苦極まる」とのお言葉、私には高尚すぎ、いただけません。「醜極まる（醜悪この上なし）」「鄙極まる（田舎者丸出し）」「庸極まる（何の取りえもなし）」「陋極まる（卑しさ満点）」などなど、千古の悪《にく》むべき字を集めて、すべてわが身に集合しています」と言った。厳誠は笑いながら、「一言で言えば、「通極まる（全部この上なし）」ですね」と言った。潘庭筠は笑いながら「「笑う可きこと極まれり」ですね」と言い、「家貧しくして子供なく、また科挙を受けようとされるとは、悲しい哉《かな》！」とも言った。

(76) 四巻本『筱飲斎稿』巻一には、「自題荷風竹露草堂図」と題して収める。若干の字を異にするのは、陸飛はここで記憶により書き出したためか。
(77) 諸本、湛軒書本ともに「几几息短翮」と作る。ソウル大学奎章閣韓国学研究院蔵およびハーバード大学燕京図書館蔵『燕杭詩牘』にはともに「自題画荷風竹露草堂図」と題して、この二首を収録する。そこでは「几几」を「兀兀」と作る。しかし前注(76)『筱飲斎稿』では「𠘧《しゅ》𠘧」と作り、「音は殊（shu）」と自注するので、これに従う。なお「食うために忙しい」と訳した原文は、諸本ともに「為口忙」だが、湛軒書本および『燕杭詩牘』所収の詩では「為日忙」と作る。
(78) 『乾浄衕筆談』では、この後に「派遣されて来る者は、宿舎に三、四日滞在した後ですぐ帰ります。宿舎から外出してぶらつくことはありません。我々はもちろんのこと、官僚も平民も公用でなければ決して宿舎に入りません」と入る。
(79) 原文は「愧土壌細流、無可仰答高深」。『史記』李斯伝に、「ここを以て泰山は土壌を譲《せ》めず、故に能《よ》くその大を成し、河海は細流を択ばず、故に能くその深きに就《つ》く」にもとづく。
(80) 『論語』述而。空っぽなのに充満しているように見せかける。
(81) 原文「投桃報李」。『詩経』大雅、抑に、「我に投ずるに桃を以てし、之れに報ゆるに李を以てす」。対等な贈答。なお大雅、抑の詩は、周王朝の老臣が国王に戒告した言葉とされる。
(82) 原文「聖人然後能之」、朱熹『晦庵集』巻五六、答方賓王。
(83) 仏教の五戒（不殺生、不偸盗、不邪淫、不妄語、不飲酒）の一つで、嘘をついてはならぬこと。

(84) 二月十七日、厳誠はこの言葉で誓っている。本書五〇頁。

(85) 介とは節操を守って孤高なこと。「寛なれば則ち衆を得」とは、『論語』陽貨の言葉。

(86) 小人とは君子つまり有徳者に対する言葉で、つまらぬ人物。君子を好み小人を悪《にく》む、などとして用いられる。

(87) 原文「言過其実」。劉備が馬謖《ばしょく》を非難して諸葛亮に言った言葉(『三国志・蜀志』巻九)。馬謖が大言壮語して魏軍に敗れた時、諸葛亮は馬謖を斬った後でこの言葉を思い出した(『三国志演義』第九六回)。

(88) 井戸の底の蛙が東海に住む大きな鼈《すっぽん》に対して、井戸から飛び出る快感を語り、一度入ってごらんなさい、と言った。鼈は井戸の中に入ろうとしたが左足が入らないうちから右膝がつかえてひっかかり、そこで、大海原である東海の楽しみを蛙に語って聞かせた、という故事に因む。東海は朝鮮に掛ける。『荘子』秋水篇。

(89) 『乾浄衕筆談』ではこの後ろに、次の文章が挿入される。その代わりに、次の注(90)以下の「狷滞の病」についての議論が欠けている。

私(洪大容)はまた、「いま別れんとするにあたり、一言《ひとこと》申させてください。我々は偶然に邂逅し、意気投合し、たがいに知己であると認め合いました。ある朝、星のように散り散りになり、永遠に生死の別れをすれば、別離の心のせつなさやたがいに思い合う腸《はらわた》も断えんばかりの苦しさは、言うまでもありません。ただ各々勉め合い戒め合い、その善いところに遷《うつ》り(『孟子』尽心上)、その過ちを改めることにいたしましょう。将来手紙を送って、あちらとこちらで手紙の中身を推察するなら、頑張って努力しているのか怠けているのか、到達できた境地が浅いのか深いのかは、隠そうとしてできるものではありません。頑張って努力し、到達した境地が深い者は、裏切らない友人ですが、怠けた者は裏切った友人です。初めから努力もせず、どこかへ到達しようと考えもしない者は、我々の仲間ではありません。絶交してもよろしい」と言った。

潘庭筠は「私はおそらく魏晋の嵇康《けいこう》に絶交書を叩きつけられた山濤《さんとう》（山巨源）のようになるでしょう。私は実際、あなたのおっしゃるような仲間ではありません。絶交されたらいかがでしょうか」と言った。また「『入りては道徳を聞き、出でては紛華を見る」（『史記』礼書。孔子の弟子である子夏は、外へ出て栄華富貴を見るとこれを喜び、内へ入って孔子の道を聞くとまたこれをも楽しむという、二つの心が交錯した）というもので、学をなすことは大変に難しいことです。どうお考えですか」とも言った。厳誠は「『戦に勝てば癯《や》せたる者も肥ゆ」（『淮南子』巻一、原道訓、子夏は心戦えば臞《や》せ、道を得れば肥ゆ）と申します」と言った。

(90)　以下の「狷滞の病」をめぐる筆談は、『乾浄衕筆談』には欠けている。

(91)　原文は「狷滞の病」。狷とは『論語』子路で、中和し均整のとれた理想的な人物を得られない場合、孔子が次善の人として挙げた狂者と狷者のうちの後者。狂者が「進んで取る」という勇猛果敢で前向きな人物であるのに対して、狷者とは曲がったことが嫌いで「為さざる所《ところ》有る」人物、つまり普通であれば許容されることでもしようとしない者。「狷滞」の語は、中国では普通使われない。

（92）原文は「近在眉睫」。眉《まゆ》と睫《まつげ》ほど近いことで、もと『列子』巻四、仲尼に見える表現。

（93）原文は「耳提面命」。『詩経』大雅、抑にもとづく。

（94）『論語』衛霊公に出る言葉。君子はその人物に問題があるからといって、彼の言った言葉を捨て去ったりしない。

（95）奎章閣B本、延世大学本、東洋文庫本、湛軒書本で「恨」とあるところ、底本、奎章閣A本では「限」と作る。

（96）『乾浄衕筆談』ではこの後、陸飛は使節の正使、副使らが自分の描いた絵を必要としないかどうか尋ね、金在行から彼らが遠慮しているのだとの答えを受けて、何の遠慮が必要かとやり返す。これに対して金在行は、「このように闊達なる好男子であってこそ、真に自分の弟だ」と言い、自分も陸飛の絵を欲しいのだが言い出せないのだと言う。これを受けた潘庭筠が陸飛の兄も有名な画家だと言うと、金在行は、「自分も陸飛の兄だ」と反論する。この兄と弟という呼称をめぐるやりとりがカットされているから、『乾浄筆譚』（本書）では後に見るように、厳誠が突然に兄と弟という呼称を問題としたのがなぜか、理解しにくいものとなっている。

一方で、『乾浄筆譚』では、陸飛が「私は天下第一の残忍な心をした人間です」と言った後、次に見るように「この時、客がやって来たので、陸飛が出ていった」との文章が入っているので、情況の推移が理解できるのに対して、『乾浄衕筆談』ではこの一文がないため、陸飛は継続してその場に居合わせたことになり、後に記す「陸飛と潘庭筠は接客してまだ帰らなかった（上海古籍出版社本一二〇頁）」という一文とつじつまが合わなくなっている。

（97）老弟とは、（一）同年輩の年少者に対する親しみを込めた呼び方、（二）ずいぶん年の離れた年少者に対する遠慮した呼び方、（三）同年輩で親密な者に対する自称であるが、ここでは（一）。これに対して陸飛は、（二）（三）で用いている。

（98）原文「打乖」。機智をはたらかせること。手練手管。

（99）洪大容はまた、なぜ「中外の別」などを持ち出したのか。彼が意固地であっただけか。これも彼がまだ華夷観を克服していなかったことを表すか。ここでも金在行の方が自由人である。

（100）第1巻六二頁（二月六日）に見える。

（101）原文「死且不朽」。『春秋左氏伝』僖公三十三年など、『春秋左氏伝』に多く見られる。身は死すとも名は不朽となること。

（102）たがいに血を啜《すす》って盟《ちかい》をなすこと。春秋時代に盛んに行われたこと、『春秋左氏伝』に見える。

二月二十七日

（1）原文「作偽」。『書経』周官。

（2）原文「放細行以累大徳」。『書経』旅獒《りょごう》にもとづく。

（3）原文は「錫爾兄以光」。『詩経』大雅、既酔に「永錫爾類」とある。

（4）原文は「永有辞於後人」。『書経』洛誥に「汝永有辞」とある。

（5）『厳鉄橋全集』巻五収録の文章と若干文字に異同がある。こちらにはこれに続き、「謹んで鉄橋賢弟足下に上《たてまつ》る。愚兄大容頓首」とあり、行を換えて「厳命に迫られ、乃《すなわち》この例を発す。僭妄の罪、以て自《みずか》ら恕《じょ》する無《な》し」と記す。

（6）原文「在璇璣玉衡、以斉七政」。『書経』虞書の舜典に見える。璇璣は璿璣とも書き、渾天儀（天文観測機器）。舜は虞王朝を開いたとされる聖人。舜典とは彼が定めたとされる規範。七政は太陽と月と五つの惑星。

（7）原文「平子機術特妙」。『後漢書』列伝第五一の論。張衡の字は平子、機器の技術に優れ、渾天儀、候風地動儀（地震観測器）などを作った。その伝は、『後漢書』列伝第四九、張衡伝。

（8）中星、午未に移る、ともに未詳。

（9）『乾浄衕筆談』では「歳次」と作る。一行は唐の高僧で、本名は張遂。一行はその法名。暦数天文の学に精通した。『大衍暦』を著す。

（10）イスラム天文学、宣教師によってもたらされたヨーロッパ天文学を言う。ただ清代の天文学が進歩したのは、おもに明末から中国を訪れたイエズス会宣教師によってもたらされた。

（11）原文「洪処士湛軒」。処士とは、まだ官僚となっていない知識人。

（12）原文「両美必合」。『楚辞』離騒に「両美は其れ必ず合う兮」とあるによる。なお『乾浄衕筆談』では「両未必合」とあるが、これは美（미）と未（미）がハングルで同音であり、字形が似ることによる誤植と考えられる。

（13）原文「道妙於無形」。宋の趙汝楳『周易輯聞』序に「夫《そ》れ道は無形に妙たりて、而して有象に著《あらわ》る」というあい似た表現があり、これは清の朱彝尊『経義考』巻三六にも収録される。

（14）原文は「著象於空虚者」。『易経』繫辞上に「天に在っては象《しょう》を成し、地に在っては形を成す」とある。日月星といった象《かたち》あるもの。

（15）原文「浅則膠」。膠は『荘子』逍遥遊に水の性質を説明し、浅い時には「杯を置けば底が膠つく」とある。

（16）原文「与天地準」。『易経』繫辞上に「易は天地と準ず。故に能く天地の道を弥綸《びりん》す」とあるのにもとづく。

（17）原文「玩心高明」。『易』や暦数に通じていた宋の邵雍（邵尭夫）に対する評価の言葉（『宋史』巻四二七、邵雍伝）。

二月二十八日

（1）この文は『乾浄衕筆談』にはない。

（2）『論語』泰伯に「天下に道有《みちあ》れば則ち見《あらわ》れ、道無《な》ければ則ち隠《かく》る。邦《くに》に道有《みちあ》るに、貧しくして且つ賤《いや》しきは恥なり。邦に道無《みちな》きに、富み且《か》つ貴《とうと》きは恥なり」。

（3）明末の天啓年間、なかでも一六二三年から二七年にかけて、正義派とされる東林党と宦官魏忠賢の一派との間で熾烈な党争が起こり、東林派と目された楊漣、魏大中、周順昌ら多数の知識人が逮捕・虐殺され、政治は混乱を極めた（『明史紀事本末』巻七一、魏忠賢乱政）。

（4）『易経』否《ひ》の象伝。象伝とは易本文を八卦の象徴性をもとに解説したもの、象伝は大象と小象とに分けられる。否《ひ》とは塞《ふさ》がる、暗黒時代を象徴する卦。象伝の意味は、小人がはびこる暗黒時代にあっては、君子は自分の徳（能力）を内におさめ隠して外に現れぬように努め、こうして困難な情況を避けること、徳を隠しておれば、だれも禄位を与えることによってこの人を目立つようにできない、ということを言う。
（5）蘇軾『東坡全集』巻九七、三槐堂銘をオリジナルとして後、あい似た表現は多い。
（6）『厳鉄橋全集』巻五冊には、二月二十三日に潘庭筠へ贈った文章（仁者は別れるにあたって、……云々、本書八六頁）と同じ文章が収録され、その後に以下の文章が続く。ところが『乾浄衕筆談』では「厳誠に与えた書は、次のようであった（与鉄橋書曰）」としか記さないから、以下の文章は若干浮いたものとなっている。これもまた、洪大容は明確に読者を意識して『乾浄筆譚』を編纂したことを物語る。
（7）『孟子』離婁下に「禹は旨酒《うまざけ》を悪《にく》みて善言を好めり」と言う。
（8）『厳鉄橋全集』第五冊にはこの後に、「丙戌春、東海の洪大容が行くに臨みて潦草す」とある。
（9）この手紙は『燕杭詩牘』にも収録する。
（10）原文「痴絶」。六朝時代の著名な画家である顧愷之を評して、才絶、画絶、痴絶の三絶という。単なるけなし言葉ではない。
（11）底本、奎章閣A本で「捧喝」とするところ、奎章閣B本、延世大学本、東洋文庫本、湛軒書本では「棒喝」とするのでこれによる。
（12）金剛とはダイヤモンド。金剛慧とは仏教用語で、一切の虚妄な現象を断ち切る知恵。
（13）『乾浄衕筆談』にはこの文はない。この文がないと陸飛の手紙の中で扇子四本というのがわかりづらい。

(14) 参星（オリオン座の三つ星）は冬の星座、商星（さそり座のアンタレス）は夏の星座であり、両者が同時に天空に現れることは決してないことから、人が顔を合わせることがないことを言う。

(15) 四巻本『筱飲斎稿』巻三によれば、陸飛は五本の南京扇子に、正使李烜には蘭、副使金善行には松、書状官洪檍には梅、洪大容には竹、金在行には荷（蓮）の絵とこれにちなむ詩を書いて贈った。洪大容に対する詩の最後の句のうち、高節（高い節操）は真節と作る。『厳鉄橋全集』第五冊でも真節。

(16) 原文は「俗氛如蜎」。氛とは悪い気、凶気。ハリネズミは危険が迫ると体を丸め、毛は針のように総立ちする。

(17) 『乾浄衕筆談』ではこの下に「我々は明日、行って別れようと思っていた。陸飛の手紙を見るに及んで、その情勢はこうであった」とある。

二月二十九日

(1) 原文「含笑」。『乙丙燕行録』（七三二頁）では「涙を浮かべて」と記す。

(2) 原文は「万万書何能尽」。「万万」を上海古籍出版社本では上文に続けて「尤不勝欽歎万万」と標点するが、湛軒書本（韓国文集叢刊本）では、「万万書何能尽」と標点する。ハングル本『乙丙燕行録』（七三二頁）では「千万の手紙の内容は、筆を執って書くところを知らない」とするので、「万万書何能尽」が正しいと考える。

（3）原文「百朋」。『詩経』小雅、菁菁者莪に、「既に君子に見《まみ》ゆるに、我れに百朋を錫《たま》う」とある。多くの貨幣のこと。

（4）以上の文章、『厳鉄橋全集』第五冊に収めるものに比べ、重要な部分がカットされている。書き出しのところが「愚兄大容、力闇賢弟に啓す」とあるのは大きな問題ではないが、「陸飛兄のお手紙をいただき」以下に、『厳鉄橋全集』第五冊収録の手紙では、次の文章が入っている。

はじめてあなた方の考えがわかり、五臓六腑は驚愕して張り裂けんばかりでした。あなた方は何て薄情な人たちかと思いましたが、しばらくしてやっと、

と入り、その後、「その情誼の厚いこと、……決断されました」と続いている。

「決断されたことがわかってきました」の後、『厳鉄橋全集』第五冊収録の手紙では、文章は以下のように続く。

かくして簾《すだれ》をおろして一人坐すと、涙は汪々として流れ落ちました。昔は潘庭筠さんが過情であると責めました。今、私もまた禁じえません。

この後、「どうお考えでしょうか」と続く。

この部分、ハングル本『乙丙燕行録』では、前半カットしたところは「昨日、貴兄の手紙を見、驚いて人情の冷たさについておかしいと考えました。しかし考えてみると、勇気ある決断だと感じました」と書き換えられ、後半カットした部分は「私一人で坐って、長く嘆いて溜息をつき、二筋の涙が襟を濡らしました」となっている。

（5）原文「不能物各付物」。『近思録』巻四、存養篇などに見える程頤（伊川）の言葉。事物をし

て自ら事物たらしめ、各事物の固有の法則（理）に従わせることができない、ということ。

（6）原文「徳日新」。『書経』仲虺之《ちゅうきし》誥《こう》に「徳日《ひび》に新たなれば、万邦も惟《こ》れに懐《なつ》く」とある。また『易経』大畜に「剛健篤実にして輝き光り、日《ひび》に其の徳を新たにす」とある。なお後漢の鄭玄はここを「剛健篤実、輝光日新、其徳剛上而尚賢」と句読し、其徳の二字を下に繋げるが、宋の程頤や朱熹は「日新其徳」と句読し、「その徳は日々に新たなり」と解釈する。洪大容は明らかに宋学によっている。

（7）同文は『厳鉄橋全集』第五冊に収録。

（8）原文「濂洛関閩之書」。濂とは北宋の周敦頤（字は濂渓）。洛とは程顥（字は明道）と程頤（字は伊川）、二人は兄弟で洛陽の人。関とは張載（字は横渠）、関中つまり函谷関《かんこくかん》以西で、陝西省の人。閩とは南宋の朱熹（字は元晦《げんかい》・仲晦《ちゅうかい》）、閩つまり福建省に寓した。彼らの学を宋学と総称し、朱熹がその大成者とされるので、朱子学とも呼ぶ。

（9）原文「操存舎亡」。『孟子』告子上に見える孔子の言葉。孔子の言ったとされる「操《と》れば則ち存し、舎《す》つれば則ち亡《うしな》う」とは心のことである、と孟子は言う。

（10）原文「存心」。『孟子』尽心上で、「その心を尽くす者はその性を知るなり。その性を知らば則ち天を知る。その心を存しその性を養うは、天に事《つか》うる所以《ゆえん》なり」とある。朱熹『孟子集注』では「心を存す」を「心を操《と》りて舎《す》てざるなり」と解する。

（11）原文「口容止」。『礼記』玉藻で述べる、君子がとるべき容姿と態度の一つ。足の挙げ方から顔つき、坐り方にまで九項目に及び、「口容止まる」とは口をみだりに動かさないこと。『朱子語類』巻一二では、これらを敬つまり精神集中の諸項目とする。

(12) 原文「益友」。『論語』季氏に益者三友《えきしゃさんゆう》と言い、剛直な者、誠実な者、博識な者を友とするのは益《えき》であるとする。

(13) 原文「他日但各有所成」。湛軒書本では但字がない。

(14) 原文「破涕為笑」。李白『李太白文集』巻二六、「秋、敬亭において従姪の耑が廬山に遊ばんとするを送るの序」に見える表現。

(15) 『乾浄衕筆談』には、以下の一段はない。

元重挙による跋文

(1) 元重挙の日記『乗槎録』によれば、一行は癸未(一七六三年)八月三日にソウルを出発し、十月六日に対馬へ到着、翌甲申(一七六四年)二月十六日に江戸へ到着している。帰路対馬を離れたのは六月二十日であり、ソウルへ帰還したのはこの年の七月八日のことである。

(2) 原文「和人」。通信使一行の者が多く用いた「倭人」ではない。彼の日本研究書も『和国志』と題される。

(3) 底本、奎章閣A本では「夸張」、奎章閣B本、延世大学本、東洋文庫本では「奢張」と作る。

(4) 原文「混沌之竅、日鑿」。『荘子』応帝王篇に見える有名な話。渾沌(混沌)とは未開で何の秩序もないこと。まったく目鼻のない渾沌という名の帝に対して、人間の口や目のように七つの竅《あな》を一日一日開けてやったところ、七日目に死んでしまったという。

（5）原文「忠信篤敬」。『論語』衛霊公で、「言忠信、行篤敬なれば、蛮貊《ばんぱく》の邦と雖も行われん」とある。蛮貊の邦とは文化の低い異民族の地。
（6）原文「濈濈《きゆうきゆう》、其《それ》衆維《これ》魚」。『詩経』小雅、無羊に見える言葉。濈濈とはぎっしり集まる様。なお濈濈の上の字は、延世大学本、東洋文庫本では「益」に作るが、底本、奎章閣A本、奎章閣B本では「蓋」に作るから、これによる。
（7）『春秋左氏伝』昭公二十八年に見える故事。叔向は春秋時代晋の大夫羊舌肸《きつ》。人物において優れ、外交でも有能であった。鄭に赴いた時、鬷蔑《そうべつ》が堂下で一言しゃべったのを聞き、これだけすばらしいことを言えるのは鬷蔑にほかならないと見抜き、さっそく堂を下りて招き入れたという。
（8）僧名は顕常、字は大典、号は蕉中、小雲棲など。京都南禅寺の住持であり、大坂まで出て元重挙らと交遊した。筆談集として『萍遇集』、文集として『小雲棲稿』がある。
（9）俗名は弥八、名は長愷、号は鶴台。萩藩の儒者。下関（赤間関《あかまがせき》）で元重挙らと交遊した。筆談集として『長門癸甲問槎』、文集として『鶴台遺稿』がある。
（10）底本、奎章閣A本では「允藤蔦」、東洋文庫本で「近藤蔦」、延世大学本、奎章閣B本で「近藤篤」とする。近藤篤が正しい。名は篤、字は子業、号は西厓、西涯。岡山藩儒。牛窓《うしまど》で交遊した。『西涯館詩集』がある。父近藤通煕も一七四八年通信使と交遊。
（11）合離、合麗王とも言う。細合八郎右衛門、斗南は号。大坂の儒者。
（12）奎章閣B本で『乾浄筆譚』と作るほか、底本、奎章閣A本、延世大学本、東洋文庫本ではいずれも『乾浄筆談』と作る。譚と談は同音。

(13) 原文「心関於事」。底本、奎章閣A本、奎章閣B本では「関」と作るが、延世大学本、東洋文庫本では「周」と作るので、ひとまずこれによる。

(14) 洪大容は軍官であった李基成からの紹介で厳誠らと知り合ったのだから、元重挙の勘違い(第1巻一四頁)。

(15) 原文「貞而不離俗」。貞字は底本、奎章閣A本で「貞」とするが、奎章閣B本、東洋文庫本、延世大学本は「奇」とする。底本による。

(16) 原文「異日同文之用」。日字は底本、奎章閣A本で「日」とするが、奎章閣B本、延世大学本、東洋文庫本では「而」とする。なお奎章閣B本では「合異而同文之用」と作る。底本による。

(17) 原文「莞爾」。底本、奎章閣A本、東洋文庫本で「莞爾」とするが、奎章閣B本、延世大学本は「宛在」とする。底本による。

(18) 底本、奎章閣B本、延世大学本、東洋文庫本では「審」と作るが、奎章閣A本では「実」と作る。底本による。

(19) 原城とは江原道原州のこと。

(20) 元重挙の号は玄川、江原道の原城の人。庶孽《しょげつ》出身であったと考えられる。一七六四年明和通信使の書記として来日、多くの日本知識人と交わった。旅行記録として『乗槎録』、日本研究書として『和国志』がある。帰国後、洪大容と交わり、その日本観はいわゆる北学派に大きな影響を与えた。

夫馬《ふま》 進《すすむ》

1948年生まれ。京都大学大学院文学研究科博士課程退学。京都大学名誉教授。著書に『中国善会善堂史研究』(同朋舎出版)、『朝鮮燕行使と朝鮮通信使』(名古屋大学出版会)、編著に『増訂 使琉球録解題及び研究』(榕樹書林)、『中国東アジア外交交流史の研究』『中国訴訟社会史の研究』(ともに京都大学学術出版会) ほか。

乾浄筆譚 2
―― 朝鮮燕行使の北京筆談録(全2巻)　東洋文庫 879

2017年 1月 19日　初版第1刷発行

訳注者　夫馬　進
発行者　西田裕一
印刷　創栄図書印刷株式会社
製本　大口製本印刷株式会社

発行所　電話編集 03-3230-6579　〒101-0051
営業 03-3230-6573　東京都千代田区神田神保町 3-29
振替 00180-0-29639　株式会社　平凡社
平凡社ホームページ　http://www.heibonsha.co.jp/

ISBN 978-4-582-80879-7
NDC分類番号 220　全書判(17.5 cm)　総ページ 292

《東洋文庫の関連書》

- 234 白凡逸志《ペクポムイルジ》〈金九自叙伝〉　梶村秀樹 訳注
- 252 海游録〈朝鮮通信使の日本紀行〉　申維翰 著　姜在彦 訳注
- 270 朝鮮小説史　金台俊 著　安宇植 訳注
- 325 328 熱河日記 全二巻〈朝鮮知識人の中国紀行〉　朴趾源 著　今村与志雄 訳
- 357 懲毖録《ちょうひろく》　柳成竜 著　朴鐘鳴 訳注
- 372 425 454 492 三国史記 全四巻　金富軾 著　井上秀雄 訳注
- 409 パンソリ〈春香歌・沈睛歌他〉　申在孝 著　姜漢永 田中明 訳注
- 440 看羊録〈朝鮮儒者の日本抑留記〉　姜沆 著　朴鐘鳴 訳注
- 572 573 朝鮮奥地紀行 全二巻　イサベラ・バード 著　朴尚得 訳
- 662 日東壮遊歌《にっとうそうゆうか》〈ハングルでつづる朝鮮通信使の記録〉　金仁謙 著　高島淑郎 訳注
- 670 青邱野談《せいきゅうやだん》〈李朝世俗譚〉　野崎充彦 編訳注
- 678 682 685 乱中日記 全三巻〈壬辰倭乱の記録〉　李舜臣 著　北島万次 訳注
- 699 老乞大《ろうきつだい》〈朝鮮中世の中国語会話読本〉　金文京 玄幸子 佐藤晴彦 訳注　鄭光 解説
- 714 金笠《キムサッカ》詩選　崔碩義 編訳注
- 751 択里志〈近世朝鮮の地理書〉　李重煥 著　平木實 訳
- 796 洪吉童《ホンギルトン》伝　伝許筠 著　野崎充彦 訳注
- 800 訓民正音　趙義成 訳注
- 809 新羅殊異伝〈散逸した朝鮮説話集〉　小峯和明 増尾伸一郎 編訳
- 848 朝鮮開化派選集〈金玉均・朴泳孝・兪吉濬・徐載弼〉　月脚達彦 訳注
- 852 交隣提醒　雨森芳洲 著　田代和生 編注
- 864 自省録　李滉 著　難波征男 校注
- 875 海東高僧伝　覚訓 著　小峯和明 金英順 編訳